普賢菩薩
廣大行願守護主

Samantabhadra

守護我們的善願能迅速成就。

增強行動力與實踐能力。

清淨罪障，止息煩惱。

催伏一切障礙、災難。

增長智慧、無礙辯才。

《守護佛菩薩》出版緣起

　　《法華經》中告訴我們，諸佛是因為一大事因緣，而出現在世間。這個大事因緣，就是諸佛幫助眾生開示悟入佛陀的知見，而臻至究竟圓滿成佛。

　　因此，諸佛出現在世間的主要因緣，就是要守護我們，讓我們能夠安住於生活中修持，最後如同他們一樣圓滿成佛。

　　人類可以說是所有六道眾生中，造作行為的主體，因此人間的發展，也影響了天人、阿修羅、餓鬼、畜牲、地獄等其他類別眾生的因緣方向。所以，在佛法中的教化，雖然傳及法界眾生，但最主要還是以人間為中心。

　　因此，佛菩薩們雖然化身為為量來度化眾生，但是守護人間還是根本的重點。佛菩薩們守護我們，當然是以法身慧命為主，讓我們能夠開啟智慧，具足大悲心，而圓滿成佛。

　　在修行成佛的過程中，佛菩薩們總是扮演著如同師父、師母、師長的角色來守護、教導我們，甚至會如同兄弟姐妹一般隨身提攜。讓我們不只在遇到災患憂難的時候，能息除災難、增加福德，進而更生起吉祥的喜樂；並且當我們一時忘失修從正法菩提、遠離善友時，也能時時回正守護著我們，讓我們遠離眾惡邪侵，體悟隨順正法，而趣向無上菩提。

其實不管我們生活在任何時間、任何處所、佛菩薩們都永遠的護念著我們、守護著我們，沒有一時一刻忘失我們這些宇宙的浪子。因為守護著人間、守護著我們，正是佛菩薩的大悲心懷，所自然流出的本願。

許多修行人時常提倡要憶念諸佛、修持念佛法門，這實在是最有功德及效能的法門之一。但是如果就真實的現象看來，其實諸佛菩薩是永遠不忘失的憶念著我們，而我們卻時常忘記念佛。

所以，當仔細思惟佛菩薩的願力、慈悲、智慧、福德時，才憶想起我們是多麼幸福，受到那麼多的祝福與護佑。如果能理解到這樣的事實，必然發覺到有無數的佛菩薩，正準備幫助我們脫離苦難而得致喜樂、消除災害、增生福德，並能夠修行正法，具足慈悲、智慧而成就無上菩提。

世間的一切是依因緣而成就，而在法界無數的佛菩薩中，有些是特別與人間有緣的。為了彰顯這些佛菩薩大悲智慧的勝德，也讓大眾能思惟憶念這些與人間有緣的佛菩薩，而感應道交，得到他們的守護。因此，選擇了一系列與人間特別有緣，並具有各種特德，能濟助人間眾生離災、離苦、增福、增慧的佛菩薩，編纂成《守護佛菩薩》系列，讓大眾不只深刻的學習這些佛菩薩的法門，並更容易的受到他們的吉祥守護。

祈願《守護佛菩薩》系列的編纂，能幫助所有的人，能

快樂、吉祥的受到這些佛菩薩的守護。而二十一世紀的人間
也能快速的淨化，成為人間淨土，一切的眾生也能夠如願的
圓滿成佛。

Samantabhadra

普賢菩薩

普賢菩薩——序

　　普賢菩薩是大乘菩薩的代表，象徵著究極的大乘精神。

　　普賢菩薩是一切諸佛的理德與定德的示現，與文殊菩薩所代表的智德與證德是相對應的，而在修行上，文殊重在一切般若，而普賢重在一切的三昧。兩位菩薩德行的相合，正表現出大乘精神的究極成就，也圓滿的呈現了諸佛的體性。因此，他與文殊菩薩就成爲釋迦牟尼佛的兩大脇侍。文殊騎獅、普賢乘象，表示出理智相即，行證相應的特質，展現出毘盧遮那如來法身的妙德。

　　普賢菩薩在華嚴會上，廣說十大願行，以明菩薩發心：一者、禮敬諸佛，二者、稱讚如來，三者、廣修供養，四者、懺悔業障，五者，隨喜功德，六者、輪轉法輪，七者、請佛住世，八者、常隨佛學，九者、恆順眾生，十者、普皆迴向。此十大願王又稱爲普賢願海，代表一切菩薩的行願；所以總稱菩薩的發心修行，爲入普賢願海。

　　所以，在大乘佛教中，普賢是無上菩提心及菩薩行願的象徵。他在過去無量的時劫當中，發菩提心實踐菩薩行，勤求一切的智慧，集聚了菩薩救護眾生的無邊行願，因此，他成爲大乘佛教徒，在實踐菩薩道時的行爲典範。因此，在《大日經疏》中說：「普賢菩薩者，普是遍一切處，賢是最妙善義。謂菩提心所起願行及身、口、意、意皆平等遍一切

處，純一妙普，具備眾德，故以爲名。」

　　而普賢菩薩主一切三昧，與文殊菩薩的般若又成一雙法門。《華嚴經探玄記》中說：「普賢三昧自在，文殊般若自在。」即明示此理。

　　再者「法華三昧」又稱「普賢三昧」，以普賢菩薩於法華會上，誓言將於法華三昧道場，現身守護安慰法華行者。他在《法華經》〈普賢勸發品〉說：「是人若行若立，讀誦此經，我爾時乘六牙白象王，與大菩薩俱詣其所，而自現身供養守護，安慰其心。」可見其特有的功德。

　　普賢菩薩的法身遍於一切，所以總攝三世諸佛的法身，又名普賢法身。《華嚴經》中說普賢身相猶如虛空，即爲此意。而其應身，則普應十方作一切方便。所以，我們亦可說普賢應身，乃爲十方三世一切諸佛的應身。因此其功德巍巍普於一切佛刹中示現，於一切世間中安住、教化。

　　現在爲讓所有的大眾深切了解普賢菩薩的偉大功德，也希望深切仰信普賢菩薩的修行大眾，能夠迅速得到普賢菩薩的教法。因此，我們特別編纂本書，來讓大較完整的體會普賢菩薩的廣大行願。

　　本書首先介紹普賢菩薩的意義及形象，並講述他清淨誓願、實踐菩薩道的歷程及住處。

　　接著，說明了如何祈請普賢菩薩守護的方法及其感應的故事。並將普賢菩薩「四十大願」、「六根懺悔」等最重要

的修法，做完整的介紹導引。

此外，本書中最特別的是，爲讀者設計了〈修學普賢菩薩的一日禪法〉，讓所有希望修學普賢法門的行者，能夠自行一日專修普賢法門，不只與普賢菩薩結緣，獲得普賢菩薩的守護，更能迅速體悟他的教法，證入普賢行願。

最後，在本書中選擇了普賢菩薩的重要相關經典，讓讀者能深入經典閱讀，獲得深刻的印證。

在此，我們祈願所有讀者及修證普賢菩薩教法的人，都能迅速成就普賢行願，圓滿成佛。

南無　大行普賢菩薩摩訶薩

目　錄

Samantabhadra

普賢菩薩

廣大行願的普賢菩薩

第一章　認識普賢菩薩

　　普賢菩薩以廣大的行願及積極的行動力著稱，象徵著究極的大乘精神，是我們實踐菩薩道的典範。

　　普賢菩薩象徵著究極的大乘精神，是大乘菩薩的代表。他與文殊菩薩共為釋迦牟尼佛的脅侍。他以廣大的願力和積極的力行精神而聞名，只要他發願要做的事情，就會盡一切努力去實行完成它。

　　而普賢菩薩的名號意譯為「遍吉」，遍吉的意思即為具足無量行願，普遍示現於一切佛國剎土的菩薩。

　　普賢菩薩從過去無量劫的時間勤修菩薩行，他為了專求無上菩提，不惜將自己的頭、目、腦髓、肢節、血肉，一切身內、身外諸物全部都施捨，以大悲心來教化救度眾生，從不感到疲厭休息，因此他的身相能得到清淨莊嚴的妙色，無比第一；並且能自在地安住於一切三昧，普遍示現於無邊佛國剎土，自在地遍入一切法門，他的功德實在難以稱述；所以普賢菩薩可以說是大乘菩薩道的典範。

　　此外，十分聞名的〈普賢十大行願〉是普賢菩薩在華嚴會上所廣為宣說的，這十大行願是：禮敬諸佛、稱讚如來、

Samantabhadra

普賢菩薩

天冠

三道

合掌手

天衣

腕釧

結跏趺坐

裙

蓮花座

六牙白象

普賢菩薩的形像

廣修供養、懺悔業障、隨喜功德、請轉法輪、請佛住世、常
隨佛學、恆順眾生、普皆迴向。

　　在《華嚴經》中描述此十大願的功德無量，能快速滅除
身心種種苦惱，行於世間無有障礙，為諸佛菩薩所讚嘆，能
成就上妙的身相，具足三十二大丈夫相，解脫一切煩惱等；
當我們未來將轉生其他世界時，也可以得到此願王的引導，
轉生到阿彌陀佛的極樂世界。

　　此十大願王又稱為普賢願海，為一切菩薩行願的標幟，
因為普賢菩薩的廣大行願，所以佛教徒常稱普賢菩薩為大行
普賢菩薩，來彰顯他的特德。

　　據《法華經》記載普賢菩薩於法華會上，誓言將於法華
三昧道場，現身守護安慰法華行者。所以當我們讀誦《法華
經》時，也可以得到普賢菩薩的守護，由此可看出菩薩的特
有的功德。

　　又《無量壽經》卷上記述，普賢菩薩與文殊師利等均為
賢劫中的菩薩，在《華嚴經》〈普賢行願品〉第四十中記
載：「賢劫一切諸大菩薩，無垢普賢菩薩而為上首。」此
外，《金剛頂一切如來真實攝大乘現證大教王經》卷下，亦
將普賢菩薩列為賢劫十六尊之一，在《悲華經》中則以此菩
薩為無諍念王（阿彌陀佛過去生之一）的第八子，於未來將
於北方智水善淨功德世界成佛，號智剛吼自在相王如來。

　　由上可看出，普賢菩薩亦即代表著佛陀在未成佛前（因

Samantabhadra

普賢菩薩

中國的峨眉山是普賢菩薩在人間的淨土

位），發起菩提心而行菩薩道時的無量行願者。

　　普賢菩薩在人間的住處，位列於中國四大名山之一的峨眉山，這四大名山是：普陀山、五台山、九華山和峨眉山，分別供奉了觀音、文殊、地藏、普賢四位大菩薩，因此四大名山也成爲這四大菩薩的人間淨土。

　　依據《華嚴經》〈菩薩住處品〉的記載，光明山是普賢菩薩在人間的淨土，此光明山即是指中國四川省的峨眉山，峨眉山位於四川省峨眉縣西南的七公里處，而其中聖壽萬年寺爲普賢菩薩示現的中心道場；其起源相傳是晉代蒲翁在此親見普賢菩薩顯現。在宋朝太宗時曾敕令建造普賢金銅像，並建造大閣來安置。自此以後，普賢菩薩的崇信流傳甚爲廣盛。

　　然而，事實上普賢菩薩的淨土，在經典中比較少被提及，因爲他代表一切菩薩行，所以普賢菩薩的淨土，廣義而言，其實是遍滿一切諸佛菩薩的淨土。

Samantabhadra

普賢菩薩

■ 經文中述及普賢的經典

經典中述及普賢菩薩者不少，如：

舊譯《華嚴經》卷四十九〈普賢行品〉。《法華經》〈勸發品〉。

《普賢觀經》。《占察善惡業報經》。《首楞嚴經》卷五。《悲華經》

卷四。《大智度論》卷十。

釋迦牟尼佛及文殊、普賢菩薩三者合稱華嚴三聖

01 關於普賢的名號

　　普賢菩薩是大乘菩薩的代表，象徵著究極的大乘精神。普賢代表一切諸佛的理德與定德，與文殊的智德、證德相對，駕獅的文殊與乘象的普賢兩者並列爲釋迦牟尼佛的兩大脇侍。

　　開始有「普賢」名號的出現，是始於《三曼陀羅菩薩經》，爾後廣見於諸佛經中，而成爲普遍的信仰。

　　普賢菩薩，梵名爲三曼多跋陀羅 samantabhadra，西藏名爲 kan-tubran-po，又寫作三滿多跋捺羅、三曼陀颰陀、或是邲輸颰陀。義譯爲遍吉，其意爲具足無量行願，普遍示現於一切佛刹的菩薩。

「普賢」名號在大乘經典中的意義

　　有關普賢名號的意義，在吉藏所撰的《法華義疏》第十二中描述：「普賢」的外國名爲三曼多跋陀羅。「三曼多」意爲「普」，「跋陀羅」意爲「賢」；亦名爲「遍吉」，「遍」也是「普」，「吉」亦是「賢」。所以「普賢」可以說是種種法門，就如同總攝「觀音」爲慈悲法門的名稱，現在「普賢」則爲總攝普遍一切法門的名稱。

　　接著，「普」有二義：一是指法身「普」，是遍一切

Samantabhadra

普賢菩薩

在密教中，認為普賢菩薩、金剛薩埵同體

處，所以總攝三世諸佛之法身皆是普賢法身。如同《華嚴經》記載普賢身相猶若虛空，依如如，不依佛國。」二是指應身「普」，普遍相應於十方，而造作一切方便。所以十方三世諸佛的應身皆是普賢應身，皆是普賢的巍巍功德普於一切剎鄉的示現。

所以在《大智度論》中也記載：無法準確地說明普賢的住處，勉強說有，應是住在一切世間當中。這樣的觀點即可證明普賢遍一切處的意義。又，在《華嚴經》〈探玄記〉第二中描述：周德法界是名「普」，至順調善所以名為「賢」。

在密教中「普賢」的意義

《大日經疏》卷一提到：普賢菩薩，「普」是一切處，「賢」是最妙善義。是說普賢菩薩依菩提心所發起的願行及身、口、意，悉皆平等遍於一切處，純一妙善，備具眾德，所以名之為普賢。

在密教中，普賢菩薩表示菩提心，認為他與金剛手、金剛薩埵、一切義成就菩薩同體。

如《金剛頂經》第一記載：「大菩提心普賢大菩薩住於一切如來心中。」說明普賢菩薩住於一切如來心中。《理趣釋》卷上則記載：『一切義成就』是普賢菩薩的異名。而金剛手菩薩摩訶薩者，此菩薩原本即是普賢。從毘盧遮那佛的

法身是諸佛內證真如的體性所顯現的身，一般代表體性，常以無雲晴空來比喻，就宛如無雲晴空沒有形象。

Samantabhadra

普賢菩薩

實踐菩薩行圓滿時，就是普賢菩薩

兩手掌，親自得受五智金剛杵，授與灌頂，賜名爲金剛手。」

《金剛頂瑜伽金剛薩埵五秘密修行念誦儀軌》中說：「金剛薩埵普賢菩薩即是一切如來長子，是一切如來的菩提心。」由此證明金剛薩埵與普賢菩薩同體，爲一切如來的長子，代表一切如來的菩提心。

而在《大日經疏》第九記載：「以見如是金剛界故，名爲金剛手。以見如是法界故，名爲普賢。」

「普賢」的表徵意義

「普賢」代表廣大的菩薩行，其不僅是普賢行的表徵，也是菩薩行的表徵。任何一個眾生，實踐圓滿菩薩行之時，就是普賢菩薩；而圓滿普賢的果位就是毘盧遮那如來；眾生都具足普賢的「因」，這普賢的「因」也就是毘盧遮那佛性。所以我們本具的佛性就是「普賢因」，也就是我們成佛的因。

普賢行者就是一切菩薩行者，其總匯點就是普賢菩薩。所以我們修習這一切殊勝普賢行，修習一切菩薩行到最後即是圓滿普賢菩薩果位。

「果地普賢」即是指毘盧遮那佛，東密稱之爲「本初普賢」。本初普賢如來就是代表一切眾生佛性的根本普賢，代表一切諸佛果位的出生之因，所以當我們證得佛果時，如果

金剛界是根據《金剛頂經》、《大教王經》所說，此金剛界由五部如來所組成，代表大日如來的智慧法身，體性堅固猶如金剛，能摧破一切煩惱，所以稱為金剛界。

*S*amantabhadra

普賢菩薩

毘盧遮那佛：果地普賢就是毘盧遮那佛

普賢如來：本初境界普賢如來代表一切眾生的根本普賢

是從本具的佛性所出現，就是金剛持，也就是成就法身；當
我們現證成就時就是現證法身，也就是成就西藏密宗寧瑪派
（紅教）所指的普賢王如來。

Samantabhadra

普賢菩薩

身為白玉色
身上所有毛孔
流出金光

三個化人
一個持金輪
一備持寶尼寶
一個持金剛杵

六牙
六個浴池
（代表六波羅蜜）

象腳沒有踏
在地上，離
地約七尺

七支跓地
（代表七覺　）

乘著六牙白象的普賢菩薩

02 普賢菩薩的形像

　　菩薩的形像常常爲了相應於各類眾生而有不同的示現，如在《法華經》中提到的普賢菩薩，他是東方淨妙佛土，也就是寶威德上王佛的菩薩；或者我們說他是峨眉山上的菩薩，也就是在娑婆世界的菩薩；或說他是他方世界的菩薩，這都是隨著因緣的不同而宣說的。一般我們所說的普賢菩薩，通常是乘著六牙白象來到娑婆世界的普賢菩薩。

　　普賢菩薩的形像通常是騎在白色的大象上，而手上的持物如同其他本尊一般，也不是固定不變的，有的手持金剛杵，或是蓮花、摩尼寶珠，也有的拿著一卷書。

　　在《觀普賢菩薩行法經》中，對於普賢菩薩的身相有相當清楚而細緻的描述。經中敘述普賢菩薩的色相殊妙廣大無邊，所以當他要降臨娑婆世界時，則必須要縮小其身相。他乘坐著六牙白象，象頭上有三個化人，一個持著金輪，一個持著摩尼珠，一個執著金剛杵，舉杵擬象，象即前行。象背上鞍有金鞍，鞍的四面有七寶柱所成的寶台，寶台中有七寶蓮花，普賢菩薩即結跏趺而安坐其上。普賢菩薩的身上爲白玉色有五十種光明，光明五十種色以爲項光，身上的所有毛孔皆流出金光，其金光端有無量的化佛，無量的化佛有諸化菩薩以爲眷屬。

Samantabhadra

普賢菩薩

日本的普賢菩薩

木造三尊佛龕（韓國、松廣寺）

各地普賢菩薩的形像

而這種種殊勝妙好的色身顯現，皆是因普賢菩薩廣大不可思議的行願力，所出生成就的功德。

世界各地的普賢造像

普賢菩薩的信仰自古流行於印度、西域，而隨其圖像的製作也不少。現存遺品中，中央亞細亞 Qumtura 地方的 Apsaras-Hohle 洞的壁畫繪的是普賢騎白象，隨同有眾多的菩薩及比丘等的情形。

敦煌千佛洞第六十二、七十二、一百一十七等諸窟亦保存有其古圖。其中，第六十二窟的壁畫是：普賢右手執如意，乘坐白象。

另外，唐大曆十一年撰述的《大唐隴西李府君修功德碑記》記載，在敦煌石窟中安置文殊、普賢等變相各一舖。由此可知，唐朝時，敦煌一地有關普賢菩薩的造像亦甚為流行。

中國四川省的峨眉山，夙以普賢菩薩的道場著名，傳說是晉代蒲翁所開創，在聖壽萬年寺安置普賢像，宋太祖乾德四年時重新整治。接著，太宗太平興國五年，又下令建造金銅像高二丈，並建大閣來安置此像。之後，普賢菩薩的崇敬信仰甚為盛行。

在日本，以法隆寺金堂東北小壁所繪的圖像為始，其遺品頗多。東京博物館及因幡豊來寺的絹本著色圖、東京大倉

Samantabhadra

普賢菩薩

■ 在金剛界曼陀羅中，普賢菩薩是賢劫十六尊之一

賢劫出現的十六尊。又稱賢劫十六大菩薩。即密教金剛界曼荼羅九會之中，羯磨會、三昧耶會、供養會、降三世會等各安立於輪壇外四方的十六菩薩。四方各安立四尊，東方的四尊為：⑴慈氏，即彌勒菩薩。⑵不空見。⑶除蓋障菩薩。⑷除憂暗菩薩。

南方的四尊：⑴香象菩薩。⑵大精進菩薩。⑶金剛幢菩薩。⑷智幢菩薩。

西方的四尊：⑴無量光菩薩。⑵賢護菩薩。⑶網明菩薩。⑷月光菩薩。

北方的四尊：⑴無盡意菩薩。⑵文殊菩薩。⑶金剛藏菩薩。⑷普賢菩薩。

普賢在微細會中的形像

普賢在供養會的形像

普賢在降三世羯磨會的形像

金剛界中普賢菩薩的形像

集古館的普賢菩薩木像，皆是雙手合掌，結跏趺坐於白象上的蓮花座。其中，在東京博物館之圖是依據《觀普賢菩薩行法經》之說，在象頭上畫三個小人。

其他如京都醍醐寺、山城岩船寺、攝津孝恩寺、奈良圓證寺、大和法隆寺、伊勢普賢寺等，供奉木像的普賢菩薩；京都安樂壽院、眞正極樂寺等，藏有絹本著色圖，與神戶福祥寺、近江寶嚴寺、遠江大福寺等之普賢十羅刹女圖，皆屬日本的國寶。但其中也包括有普賢菩薩手執獨鈷杵或如意，或是老翁搜象等普賢的身像。

密教中普賢菩薩的形像

金剛界

在密教中，將普賢菩薩的行願與無上菩提心結合而成爲具體的形像，因此有普賢菩薩與金剛薩埵同體的說法；同時，普賢菩薩也被列於金剛界與胎藏界兩部密教曼荼羅中。

在金剛界曼荼羅中，普賢菩薩是賢劫十六尊之一，安置於北方四菩薩中的最下位。

在微細會中，普賢菩薩的形像是左拳安置於腰前，右手執著利劍。

在供養會的普賢菩薩則是以兩手執蓮花，舉胸前，蓮花上有利劍。

在降三世羯磨會的普賢菩薩形像，與供養會中的形像大

五方佛為中央毘盧遮那佛，東方阿閦佛，南方寶生佛，西方阿彌陀佛，北方不空成就佛。

Samantabhadra

普賢菩薩

胎藏界中台八
葉院的普賢菩薩

胎藏界文殊院
的普賢菩薩

胎藏界中的普賢菩薩

致相同，其差異只是利劍周圍有火焰。

胎藏界

　　另外，在胎藏界曼荼羅中，中台八葉院及文殊院中都列有普賢菩薩。

　　在中台八葉院的普賢菩薩，坐於東南方的蓮花上，身爲白肉色，頂戴五方佛寶冠，左手以大指、食指執著蓮花，蓮花上安置火焰圍繞的利劍，右手開臂伸展仰掌，屈無名指、小指。

　　在文殊院的普賢菩薩位於文殊的右後方，左手執著青蓮花，上面安置三股杵，右手掌向外，大拇指和食指、中指相捻，伸無名指、小指而立，安置於胸前。

普賢和十羅刹女

　　護持《法華經》行者的十羅刹女，經常隨侍在普賢菩薩身邊，是普賢菩薩的侍者。她們分別是：藍婆（意爲結縛）、毗藍婆（意爲離縛）、曲齒（意爲施積）、華齒（意爲施華）、黑齒（意爲施黑）、多髮（或爲披髮）、無厭足（別名無著）、持瓔珞（或名持華）、皋諦（或名何所）。

　　以上十位稱爲「普賢十羅刹女」。

普賢延命菩薩

　　此外，普賢菩薩有增益、延命的特德，當他安住於「增

Samantabhadra

普賢菩薩

經常隨侍在普賢菩薩身邊的有十羅剎女

益延命三昧」的境界時，就成為普賢延命菩薩（Samanta-bhadrayuh）。

　　依照密教經典的記載，眾生若能對此菩薩如法修持與祈求，則「終不墮三惡道，定增壽命。終無夭死知命之怖，亦無惡夢魘魅咒詛惡形羅刹鬼神之怖。亦不為水火兵毒之所傷害。」而且能「具大福智，勝願圓滿。官位高遷，富饒財寶皆悉稱意。若求男女，並及聰明。」這些功德，都是依據普賢延命菩薩的本誓而產生的。

　　普賢延命菩薩又有「大安樂不空三昧耶眞實菩薩」與「金剛薩埵」等二種異名。前者是宣說此一菩薩具有賦予眾生以大利益、大安樂的平等本誓。後者是說他具有「不朽不壞之智，能摧諸煩惱，猶如金剛」。

　　普賢菩薩所以具有這些特德，除了是本誓力量的顯現之外，也由於十方諸佛加持所致。根據密教典籍所載，世尊曾召集十方世界恆河沙諸佛，以光明照觸普賢菩薩，因此他才能得到諸佛心印，以利益一切有情。

　　普賢延命菩薩的形像，有二臂像及二十臂像兩種。依據經典記載，二臂像是「如滿月童子，頭戴五佛頂冠，右手持金剛杵，左手持召集金剛鈴。坐千葉寶蓮華，華下有白象王。象王足踏金剛輪，輪下有五千群象。」

　　而二十臂像則通身是金黃色，頭戴五智寶冠，左右各十隻手，各持不同法器，坐於千葉蓮華之上，華下則有四隻白

Samantabhadra

普賢菩薩

當普賢菩薩安住在延命三昧的境界，就成為普賢菩薩延命

象與二臂像座下有千群象不同。

經典中不可思議的普賢形像

此外，在經中亦記述著普賢菩薩的各種不可思議的身形與不同的示現，在《華嚴經》的〈盧舍那佛品〉的偈頌記述普賢的身形：「普賢悉在一切佛剎，坐寶蓮華獅子座上，如是示現遍一切界。普入無量無邊諸行，悉能示現無量種身，變化充滿十方世界，妙音和雅說法無礙。一切三昧方便自在，一切佛土諸如來所，一切三昧皆得自在，悉能了知最勝境界。

（……中略）盡盧舍那本願底故，普賢身相猶如虛空，依如如不依佛國。現身無量普應眾生，隨群萌類為現化故。一切世界無量佛土，悉能示現入諸法門。普賢菩薩具足淨願，如是等比無量自在。」普賢菩薩坐於寶蓮華獅子座上，以這樣的身相示現遍於一切世界。而普賢菩薩身相猶如虛空，觀身無量，為了普遍相應各類眾生而示現各種化身。

而在《華嚴經》〈入法界品〉中記載，善財童子觀察普賢菩薩的身相，相好肢節，每一根毛孔都有不可說不可說的佛剎海；每一個剎海中都有諸佛出興，被無量的菩薩共同圍繞。他又看見這些剎海有種種的建立、種種的形狀、種種的莊嚴、種種的大山圍繞四周，種種的色雲更彌蓋虛空，有種種佛陀出興、演說種種法門，如此等等的事，都各各不同。

Samantabhadra

普賢菩薩

經中記述著普賢種種不可思議的形像（大足北山第 136 窟北壁）

　　又看見普賢菩薩在每一個世界海中，示現出佛剎微塵數的佛化身雲，遍滿十方一切世界，教化眾生，使他們都能趣向無上正等正覺。這時，善財童子又看見自己在普賢菩薩身內的十方世界教化眾生。

　　善財童子在普賢菩薩的毛孔剎中，每走一步就過不可說不可說佛剎微塵數的世界。

　　普賢菩薩的身相著實不可思議。

Samantabhadra

普賢菩薩

《悲華經》中記述普賢菩薩過去世曾與阿彌陀佛互為父子關係

第二章　普賢過去生的菩薩行

　　普賢菩薩勤修菩薩行，他不惜將自己的頭、目、腦髓、肢節、血肉等全部施捨，來教化救度眾生。

01 泯圖王子的清淨誓願

　　《悲華經》中記述著普賢菩薩的過去生中曾與阿彌陀佛互為父子關係，由大臣寶海梵志（釋迦牟尼佛的過去生之一）的勸發，而發起廣大的無上弘誓。

　　在過去久遠過恆河沙等阿僧祇劫，有一個名為刪提嵐的世界，當時的佛陀名為寶藏如來，在這世界的善持大劫時，有一位轉輪聖王名為無諍念王（阿彌陀佛的過去生之一）。

　　無諍念王有千個兒子，其中大兒子不眴是觀音菩薩的過去生，二兒子尼摩是大勢至菩薩的過去生，三兒子王眾是文殊菩薩的過去生，八兒子泯圖則是普賢菩薩的過去生。

　　無諍念王與他的千位王子，一起供養寶藏如來以及所有的比丘僧眾，而且在大臣寶海梵志的勸發之下，都發起了無上菩提心，並且建構著未來所希望成就的佛國世界。

Samantabhadra

普賢菩薩

泯圖王子花費七年的歲月，端坐思惟佛菩薩的清淨功德

　　第八王子泯圖（即普賢菩薩的過去生）在大臣寶海梵志的勸發下，以無比的勇健之心向寶藏如來發願說道：「我現在發願要在不清淨的世界中修習菩薩道，更要修治莊嚴一萬座不清淨世界，使這些世界都轉化為清淨莊嚴，就如同青香光明無垢世界一般。

　　並且我也要教化廣大無量的菩薩們，使他們的心念悉皆清淨，沒有任何的染污垢穢，都能趣入於大乘的菩薩道之中，並充滿遍佈於我的淨土世界，然後我才成就無上正覺佛果。」

　　接著泯圖王子繼續向世尊發願：「我祈願在修行菩薩道時，能夠比其他諸多菩薩更為殊勝。因為我已經花費七年的歲月，端坐思惟諸佛菩薩的清淨功德，以及種種莊嚴國土的廣大功德。在那時，我立即獲得『普見種種莊嚴三昧』等一萬八千種菩薩三昧境界，也立即增進我的修行。而且我發願當未來的諸菩薩們修行菩薩道時，也能夠普遍得證如此的三昧。」

　　泯圖王子又向世尊發願道：「願我能證得出『離三世勝幢三昧』，而且以這三昧的威力，讓我能普遍見到十方無量無邊的諸佛世界，在每個世界的現在諸佛，跳脫過去、現在、未來時間的約束，而能為一切的眾生宣說正法。

　　願我能獲得『不退三昧』，以此三昧的威神力量，能於一個念頭當中，普遍看見如微塵數那麼多的諸佛說法，而菩

Samantabhadra

普賢菩薩

泯圖王子發願得證首楞嚴三昧，以此三昧威力進入地獄，教化地獄眾生

薩及聲聞大眾恭敬圍遶。

　　我發願於每一位佛陀的處所，得證『無依止三昧』，以三昧的力量幻作變化身，一時遍及至如同一佛界微塵數等的諸如來所在處，供養禮拜。

　　願我的每一個化身，都能以種種無上的珍寶、華香、塗香、末香、妙勝伎樂、種種的莊嚴，來恭敬供養每一位佛陀。

　　祈願我的每一個化身，在每一位佛陀的處所，如同大海水滴等時劫中，廣行菩薩道。

　　我發願得證『一切身變化三昧』，以此三昧的力量，於一個念頭當中，在每一位佛陀跟前，了知如同一佛土微塵數等的諸佛世界。」

　　當時，其他王子都一心專注聽聞著泯圖王子的祈願，他的願力無形中總攝著大家的心行，同時他的三昧力量，也將滲入大家的菩提未來。

　　接著，泯圖王子發起大願，希望他自己能得證「功德力三昧」，以此三昧的力量，於每一位佛陀跟前，遍及到如一佛土微塵數等的諸佛世尊所在，殊妙地讚歎諸佛如來。

　　他又繼續向世尊發願：「願我得證『不眴三昧』，以此三昧的力量，於一個念頭中，普見諸佛遍滿十方無量無邊的世界之中。

　　祈願我能得證『無諍三昧』，以此三昧的力量，於一個

Samantabhadra

普賢菩薩

普賢的菩薩行之圖，由清人所繪

念頭中，悉皆見到過去、未來、現在諸佛的所有淨妙世界。

　　我發願得證『首楞嚴三昧』，而以此三昧的廣大威力，來變化作地獄之身，而進入地獄中，對地獄中的眾生宣說微妙的佛法，勸令他們發起無上的菩提心；而且這些地獄的眾生聽聞這些法後，立即發起無上菩提心，並立即從這極苦的地獄結束生命，轉而出生於人間，而隨著其所出生的地方，能夠經常得以值遇諸佛，且隨著所值遇的佛陀，得以聽聞佛法，並於聽受法之後，能隨得住於不退轉地。

　　除此之外，各類眾生，如乾闥婆、阿修羅、迦樓羅、緊那羅、摩睺羅伽、人、非人等，天、龍、鬼神、夜叉、羅刹、毘舍遮、富單那、伽吒富單那、屠殺、魁膾、商賈、婬女、畜生、餓鬼，如是等鬼神大眾，也是如此，都使他們發起無上正覺的菩提心。

　　如果有諸眾生隨所出生之處的因緣，而得到各種不同的身像，我所變化的分身，也隨順這些眾生的業行因緣的身像，隨著他們的作為，而教化他們。」

　　同時，泯圖王子還發願，希望能以各種不同的語言來教化眾生，隨著他們種種不同的音聲，而為他們宣說佛法，使他們都心生歡喜，更因為他們心生歡喜，而勸發安止他們，使他們不退轉於無上正等正覺。並能教化一萬佛土中所有的眾生，使他們的心念清淨，沒有任何的行為業障煩惱，乃至不使他們有一人屬於煩惱魔、身心五蘊魔、死魔、天魔等四

首楞嚴三昧（梵語 sūraṃgama-samādhi），即堅固攝持諸法的三昧禪定境界。為佛教主要的一百零八種三昧之一，乃諸佛及十地的菩薩所得的禪定境界，又作首楞嚴三摩地、首楞伽摩三摩提、首楞嚴定，意譯作健相三昧、健行定、勇健定、勇伏定、大根本定。

Samantabhadra

普賢菩薩

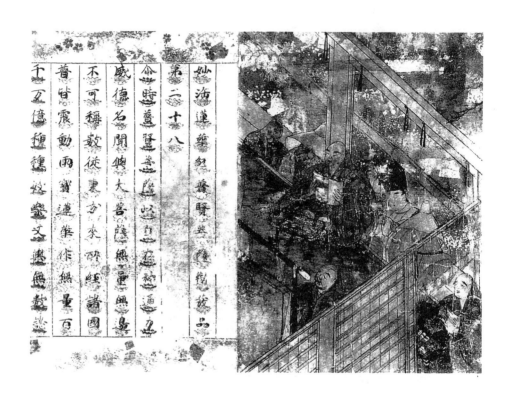

〈普賢菩薩勸發品〉中記載，普賢菩薩守護法華行者

魔！

　　泯圖王子繼續發願：「願我能莊嚴一萬個佛土，這佛土世界是如此的清淨，宛如光明無垢尊香王佛的青香光明無垢世界中，所有的種種微妙莊嚴，然後我當自淨佛土以及所有的眷屬，如同師子香菩薩所願一般。」

　　泯圖王子最後總結說：「如果我的心願成就的話，應當令一萬諸佛世界中，所有的眾生斷除各種的苦惱，並獲得柔軟心以及調伏心，各自見到佛世尊現在說法，一切的眾生自然獲得種種的珍寶、華香、末香以及塗香，還有種種的衣服、幢幡，他們都各自供養佛陀，供養佛陀之後都發起無上菩提之心。並且祈願我不僅能立即得以全部見到種種莊嚴三昧的力量，而且能夠完全得以遙見如此眾事。」

　　泯圖王子說完，就立即如同他所發願的內容一般，完全得以遙見。

　　這時，寶藏如來讚歎泯圖王子，並因為這樣的因緣，為他賜名為「普賢」，而且授記他在未來世過一恒河沙等阿僧祇劫，並進入第二恒河沙等阿僧祇劫時的末後時分中，在北方離此世界經過六十恒河沙等的佛土之處，有一個名為智水善淨功德的世界，成就無上的正覺，號為智剛吼自在相王如來，並具足如來的十號。

　　而在當時，普賢菩薩摩訶薩聽完寶藏如來的授記後，也立即頭面著地頂禮寶藏如來。

授記原本指分析數說，或用問答體說，後來則專指有關弟子未來世證果等事的證言。

Samantabhadra

普賢菩薩

■ 善財童子

　　為華嚴經入法界品中的求道菩薩，曾南行參訪五十五位善知識，遇普賢菩薩而成就佛道。

　　善財於文殊師利的處所獲得三昧後，普遍攝持諸根，一心想要求見普賢菩薩，於如來前眾會之中，見普賢菩薩坐寶蓮華師子之座，身上諸毛孔出光明雲，普賢菩薩即伸右手摩觸其頂，為其解說諸法，善財即得一切佛剎微塵數三昧門。

善財童子向普賢菩薩求道，證得等同普賢菩薩和諸佛的各種行願海

02 普賢菩薩實踐菩薩道的歷程

在《華嚴經》〈入法界品〉中，曾記述善財童子為求菩提，而曾南行參訪五十五位善知識的故事，其中他也參訪了，並且向普賢菩薩求取如何修行菩薩道，來利益眾生，最終成就道果。

當善財童子來到金剛藏菩提道場，一心求見普賢菩薩，普賢菩薩對善財童子述說自身實踐菩薩道的歷程，普賢菩薩告訴善財童子說：「

善男子啊！我在過去不可說不可說佛剎微塵數的時劫中，修行菩薩行，求一切智慧；在每一個時劫中，為了清淨菩提心，而承事供養不可說不可說佛剎微塵數的佛陀。

每一個時劫中，為了積集所有的智慧福德，而設置了不可說不可說佛剎微塵數的布施大會，使世人都能聽聞知道這個消息，不管他們要求什麼，我都能滿足他們。我在每一個時劫中，為了求取所有的智慧法，而用不可說不可說佛剎微塵數的財物布施。

我在每一個時劫，為了求取佛陀的智慧，而用不可說不可說佛剎微塵數的城邑、聚落、國土、王位、妻子、眷屬、眼耳鼻舌、身肉手足、乃至身命，我都能布施；在每一個時劫中，我為了求一切智慧上首，而用不可說不可說佛剎微塵

Samantabhadra

普賢菩薩

善財童子參訪五十五位善知識，普賢菩薩是最後一位參訪者

數的頭布施。

在每一個時劫中，我爲了求取一切智，在不可說不可說佛刹微塵數的諸位如來的道場，都恭敬尊重地承事供養，不管是衣服、臥具、飲食、湯藥、凡是生活所須的事物，我都完全供奉施設；並且隨他們出家修習正道，修行佛法，護持正教。

善男子啊！我在這些時劫大海中，回憶自己未曾一念不順應諸佛的教誨，未曾生起一念瞋害心、我慢及我所有心、自他差別心、遠離菩提心、疲厭生死流轉心、懶惰心、障礙心、迷惑心，我只是一心安住在無上、不可沮壞、集一切智慧法的大菩提心。

善男子啊！我已能莊嚴佛國刹土，用大悲心救護眾生，教化成就，供養諸佛，承事善知識；我爲了求取正法，弘揚宣說護持教法，所有身內、身外的事物都可以完全捨棄，乃至身體性命也毫不吝惜。即使我用盡所有的時劫大海，也說不完這些本事因緣。

善男子啊！我在法海所得的一切，乃至一字一句，無不是施捨轉輪聖王的王位而求得的，無不是施捨一切而求得的。善男子啊！我之所以求法，都是爲了救護眾生，我始終一心思惟：『願所有的眾生都能聽聞這種法。願我能以智慧光明普照世間。願我能爲眾生開示出世間的智慧。願我讓眾生都獲得安樂。願我能普遍稱讚諸佛的所有功德。』我這些

Samantabhadra

普賢菩薩

普賢菩薩的身相，讓看見的眾生莫不欣喜快樂

過去的因緣，即使以不可說不可說佛刹微塵數時劫的大海，也說不完啊！

　　所以，善男子！我因為這種種的助道法力、諸善根力、大志樂力、修習功德力、如實思惟一切法力、智慧眼力、諸佛威神力、大慈悲力、淨神通力、善知識力，才能獲得這個究竟三世平等清淨的法身、清淨無上的色身，超過世間一切，才能隨順眾生的心中喜樂而為他們示現身形，趣入所有的刹土，遍至任何地方，在各個世界示現神通，讓看見的眾生莫不欣喜快樂。

　　善男子啊！你且觀察我的色身，我的色身是無邊劫海所成就的，是無量千億那由他的時劫都不易看見、聽聞的啊！」

　　善財童子在普賢菩薩的教導下，證得等同普賢菩薩和諸佛的各種行願海。

Samantabhadra

普賢菩薩

普賢菩薩在人間的淨土——峨眉山（木刻圖）

第三章　普賢菩薩的住處

　　普賢菩薩代表一切菩薩行，所以普賢菩薩的淨土，廣義而言，其實是遍滿一切諸佛菩薩的淨土。

　　關於普賢菩薩的住處，即其淨土的時空方位，在經典中很少被提及，因爲普賢菩薩代表一切菩薩行，所以他的淨土國度即遍滿一切諸佛菩薩淨土世界。因此，在此不以時間的過去、現在、未來來區分其淨土，而以外層、內層、秘密層、法身層四層來說明其淨土。

　　在此所謂的外淨土，是指和世間相應的淨土而言，而普賢菩薩的人間淨土，依《華嚴經》〈菩薩住處品〉中指出，光明山即是普賢淨土，此光明山即是指中國四川的峨嵋山。

　　內淨土則是較高階的修行人、菩薩才能相應的淨土，如《觀普賢菩薩行法經》中，行者所現觀的東方淨土即是普賢的內淨土。

　　普賢菩薩的秘密淨土則是與普賢菩薩同地以上的大菩薩與諸佛才能相應的蓮華藏世界海，而普賢菩薩的法身淨土就是法界藏身的普賢身。

　　這四種淨土其實不須太加以分別，因爲其中有些部分是

Samantabhadra

普賢菩薩

■ 報國寺

　　四川峨眉山的眾多寺廟裡，報國寺是入山的第一寺，該寺始建於明代萬曆年間，初名會宗堂，清代重修後改為報國寺。山門懸有康熙書「報國寺」匾額；正殿懸有「寶相莊嚴」匾額。殿宇雄偉，有彌勒殿供養彌勒菩薩、大雄寶殿供如來及十八羅漢，七佛殿供奉七佛，普賢殿供奉普賢菩薩，和藏經樓四重屋宇，依山而建，逐級升高。

　　報國寺中有三件珍寶，一是七佛殿下矗立一座十四層高（約七公尺）的紫銅華嚴塔，為明朝萬曆年間鑄造，塔身鑄有小佛 4700 尊和《華嚴經》全文，佛像歷歷在目，字跡清晰可見，是中國目前現存的最大銅塔。二是寺內高 2.4 公尺的永樂瓷佛，為明朝永樂年間江西景德鎮燒製的瓷佛像，佛身上有許多小龍，每個小龍中都放有一個小金佛，各具神態。三是高 2.3 米重達 2500 斤的明朝嘉靖大銅鐘。

　　報國寺還設有峨眉山文物管理所，收藏各種陶瓷玉石，文獻字畫、金屬器皿和戰國時代出土的兵器、工器等。

重疊的，如《觀普賢菩薩行法經》中記載普賢淨土最後就進入蓮華藏世界海，而最究竟的住處則是不可得的法界藏身境界。

這是因為普賢身遍一切佛刹，其身亦住有十方諸佛菩薩。一切佛土皆是佛土也都是普賢土，這就是普賢菩薩的實報莊嚴境界。以下分別說明普賢的四種淨土。

Samantabhadra

普賢菩薩

■ 光相寺

　　光相寺位於四川峨眉縣西南，在大峨山峰頂。根據《方輿勝覽》記載，自白水歷八十四盤，山徑如綿，登躋六十里方至本寺，此即普賢菩薩示現之處，寺宇皆以板建造之。相傳本寺草創於漢明帝，初稱普光殿，其後改稱光相寺。

　　明太祖洪武年間重修，以鐵為瓦，並鑄普賢金像。明神宗萬曆三十一年（公元 1603）重新修整，並籌銅碑以誌之。此碑正面「大峨山永明華藏寺銅碑記」，係由王宗毓集王羲之書寫；背面「峨眉山普賢金殿碑」，係由傅光澤集褚遂良字而製成。清初巡撫張德地再修建。光緒十二年（公元 1886）又修建。原寺有銅殿，滲金而成。殿左右有小銅塔四座。銅殿寬一丈四尺五寸，深一丈三尺五寸，高二丈五尺。前供奉普賢菩薩，四壁萬佛環繞，係明神宗萬曆年間妙峰禪師及諸藩王、川督等所鑄造。現在均已不復存。

　　寺後有捨身崖，崖上有觀光台，在此亦可觀望佛燈。「金頂祥光」為峨眉十景之一。

01 普賢菩薩的外淨土——峨眉山

　　峨眉山與五台山、普陀山、九華山等，並稱爲中國四大名山。峨眉山位於中國四川省峨眉縣的西南方，以山色秀麗著稱，古來即爲普賢菩薩的道場，又稱爲光明山。道教則稱此處爲虛靈洞天。

　　此山脈由岷山伸展而出，崗巒疊起，氣勢如虹，蜿蜒一百八十餘公里，周圍五六百公里。全山突起三主峰，稱爲大峨、中峨、小峨，一脈相連，主峰萬佛頂海拔三〇九九公尺。自山麓至山頂五十餘公里有七十餘寺院、四十餘山洞、百餘石龕。其中聖壽萬年寺爲普賢菩薩示現的中心道場。

　　萬年寺起源於晉朝蒲翁於此地見到普賢菩薩示現，於是建爲普賢菩薩的道場。唐代改稱爲白水寺，宋朝時稱爲白水普賢寺，內建普賢菩薩銅像。經過多次火災，直到明萬曆年間改建爲萬年寺。寺中所供奉北宋所鑄普賢騎象銅像，造型極爲優美，鑄造精良。其他的寺院如伏虎寺、報國寺、靈巖寺、洪椿坪、伏虎寺、萬年寺、金頂、光相寺等，也都非常的著名。

　　峨眉山還有一項很令人印象深刻的景象，即是其峰頂白天放光、夜晚出燈，人們稱之爲佛光、佛燈。

　　出現佛光的地點是在光相寺前的睹佛台，台下就是萬仞

Samantabhadra

普賢菩薩

▓ 峨眉靈巖寺

　　靈巖寺，位於大峨山下，原本為寶掌和尚結廬的地方。魏晉之間，寶掌和尚在此，常數日不食一直禮拜普賢，誦《般若經》等千卷。有人讚之曰：「勞勞玉齒寒，似迸巖泉急，有時中夜坐，堦前神鬼泣。」

　　有一天寶掌告訴眾徒說：「我祈願住世千歲，現在已經六百二十六歲了！」之後便到五台、匡廬、建業傳法。直到唐高宗顯慶二年（公元657）圓寂。他在峨眉山弘法時，所建立的寺院名為靈巖寺。

　　宋高宗紹興五年（公元 1135），太尉王陵朝請大夫知漢州軍事，王陟施資重修，改稱「護國光林寺」。元末於兵災中毀壞。

　　明成祖永樂年間（公元 1403～1424）重新整建，又命名為靈巖寺。英宗天順四年（公元 1450）頒賜龍藏。代宗景泰間（公元 1450～1456），寶峰禪師主持時，擴建三世佛殿、明玉樓及伽藍堂等。憲宗成化元年（公元 1465）改稱為會福寺。清代重修時，又復名為靈巖。目前原寺多已不存，但「靈巖疊翠」仍為峨眉十景之一。

深淵。當佛光出現時，寺中的僧人就鳴鐘告知朝山的大眾，於是眾人便一齊集聚在睹佛台邊憑欄遠眺欣賞。

　　佛光出現的時間大多在正午，放光之前會先出現彩雲，布滿整個山谷，漸漸地整個大地的顏色轉變為銀色，雲則變化出各種水波、傘蓋、樓台等形狀，而當日光照耀之下就現出了圓光，由小漸大，其光暈五彩絢爛，光環中虛明如鏡，由上觀望的人會各自看見自身現於鏡內，卻沒有看見旁人，所以此光暈又稱攝身光。

　　佛燈則出現於夜晚，成千上百點光明騰躍於虛空中，徐徐地向睹佛台飛來，或有人用手掬起一小點光明，卻發現原來是木葉。

　　而且在峨眉山頂相光寺附近有一種鳥，名為「佛現鳥」，每當佛光將出現前，它就會叫著「佛現了！佛現了！」此鳥也因此而得名佛現鳥。佛現鳥的體積如雀鳥一般大，形貌像土畫眉，很多人只見過一對佛現鳥，也沒見到其生育繁殖。

　　除此之外，《峨眉山志》記載峨眉山上還有各種珍奇異寶，連植物都非常特殊，其中有一種菜名為普賢菜，書上並未記載其形相；還有形似豆苗的羅漢菜；另外有藥草名為普賢線，這是樹上苔鬚蔓引而成，長有數尺，有一說法是深谷中有長數丈者，煎湯服用，可治療心氣疼痛。

　　此外，在《本草經》中記載峨眉山出產六稜形的菩薩

Samantabhadra

普賢菩薩

■ 洪椿坪

　　洪椿坪又稱為千佛禪院，千佛禪院為明朝伏牛山楚山性一禪師所建，初名千佛庵（另有謂係寶掌禪師所創）。清康熙間重建。乾隆五十五年（公元 1790）再修建。因寺的前西原有椿樹三株，所以稱為洪椿千佛禪院。寺有「三進」，第一為接引殿。第二進大雄寶殿奉普賢，左右十八羅漢。上為千佛樓，內供奉佛像千尊、大藏經全部，及千佛燈。第三進奉達摩，現僅餘佛像百餘尊，及乾隆題聯一幅。寺前有一池，終日蛙聲不絕，寺僧稱之為「仙姬鼓琴」。

　　寺院古木扶疏，綠蔭如蓋，是山中最佳的避暑勝地；山間嵐雲飄浮，夏日清晨霧雨霏霏，故有名為「洪椿曉雨」的勝景，「山行本無雨，空翠溼人衣」，就是描寫此景，是峨眉十景之一。

石，其色澤瑩白明徹，屬於上等水晶之類，如果透過陽光照耀，此石會產生五色光芒，就如同佛頂圓光，所以俗稱為放光石。放光石產於峨眉山後百餘里外，彝族人多拾之賣給往來的遊客。

Samantabhadra

普賢菩薩

■ **洗象池**

在峨眉山海拔 2100 公尺的鑽天坡頂，寺前有一六角形小池，傳說是普賢菩薩洗象、飛升處，也因此而得名洗象池。目前仍存在的廟宇為康熙十六年（1698）重建，殿內供奉觀音、地藏和大勢至三尊佛像，衣紋飄逸，體態豐滿，形象生動。有「象池月夜」勝景之稱。李白的「月出峨眉照滄海，與人萬里長相隨」的佳句，反映了峨眉山的月色。洗象池一帶，是猴群、岩鴿、白鷳栖居的地方。

峨眉山的猴子與其他的猴子有所不同，人稱短尾猴，又稱藏酋猴，體型粗壯，成年壯猴體長可達 90 公分、體重 15 公斤。猴群與人和睦相處，不時向路邊遊人乞食，看起來活潑可愛。

02 普賢菩薩的內淨土──東方世界

在《法華經》〈普賢菩薩勸發品〉中敘述普賢菩薩是來自東方寶威德上王佛國的大菩薩，而在《觀普賢菩薩行法經》中所觀者，除了普賢身之外，也包含了東方一切無量世界──普賢菩薩清淨的實報莊嚴國土。經中所描述的淨土，是高明的修行人與之相應的普賢淨土。

在《觀普賢菩薩行法經》中是如此描寫的：

普賢菩薩具足無邊的身量，他的音聲跟娑婆世界的我們相比，更是廣大無邊，而其色像亦無量無邊，他要來此國的時候，要先入於自在神通，首先就是把身相變得很小。

普賢菩薩的身體比我們人類的身體大上百千億倍，以這樣的身量，如果他的身相不變小，我們是無法看得到的。很可能是看到他的一根汗毛，而以為是一株大樹。

為什麼普賢菩薩要「促身令小」（將身體變小）呢？因為閻浮提的人，也就是我們娑婆世界的眾生「三障」很重的緣故，「三障」是指煩惱障、業障、報障，因為此三種障礙很重的緣故，而無法見到普賢菩薩廣大無邊的身、語、意，所以普賢菩薩只好「促身令小」，來到我們的世界。

普賢菩薩的身相太大了，現在為了隨順這個世界的因緣，以智慧力化現為乘著白象。這隻白象有六支象牙，我們

車輻轂輞是指如同佛足底部千輻輪狀的瑞相。

■ 伏虎寺

伏虎寺，在峨眉山麓，伏虎山旁，距報國寺約 1 公里。由於寺內殿宇隱於叢林之中，故有「密林隱伏虎」之稱。初創於唐，傳係行腳僧心庵所建，年代待考。

宋高宗紹興間（公元 1131～1163）虎狼為惡，人跡罕見，寺因而荒廢。有高僧士性，建尊勝幢於無量殿前以鎮之，虎狼皆離去，故名為伏虎寺。

明思宗崇禎間（公元 1638），毀於張獻忠之亂。得貫禪師，偕同其徒可聞禪師等，結茅講經。

至清順治十八年（公元 1651），得督撫司道之助，得以重建。經營十年，才全部完成。殿宇十三層，規模宏廣，為峨嵋之首。

伏虎寺雖在密林之中，屋頂卻一塵不染，堪稱一絕，康熙題有「離垢園」匾額一方。

寺中原有張三豐狂草「虎溪禪林」大字，及陳希夷所書「福壽」二字。福字如鶴，壽字似龍，故有「福狀白鶴踏芝田，壽狀青龍蟠玉柱」之語。

寺後有羅峰庵，係清太史蔣虎臣息隱之所；峨嵋山誌即其所纂。嘗曰：「功名傀儡場中物，妻子骷髏隊裡人。」每日素齋飲酒，自認原係此寺中老僧託生。

目前寺中僅有新殿，不知何時所修。正殿奉三世佛，前殿彌勒，中殿普賢。

知道一般的象只有兩支象牙。

　　大象的四足、雙牙、尾巴跬著地，經中稱為「七支」，在七支之下各都生出七朵蓮花，代表清淨之因，或代表七覺支──擇法、精進、喜、輕安、念、定、捨等七覺支。大象的身色雪白，更勝雪山鮮白。身長四百五十由旬，高四百由旬（由旬是印度計算里程的單位，為十里）。

　　於六牙端中，上有六個浴池，代表般若、布施、持戒、忍辱、精進等六波羅蜜。每一個浴池有十四朵蓮花，大小與浴池相等，池中蓮華開敷如天樹王，天樹王是指忉利天上的波多質多羅樹王。

　　池中開敷的蓮華為金色蓮華，放射出金色光明，其蓮華臺是甄叔迦寶所成，妙梵摩尼當成華鬘，以金剛寶珠當成華鬚。而且可以見到有化佛坐於蓮華臺座上，眾多菩薩則坐於蓮華鬚上，從化佛的眉間也放射出金光，金光入於象鼻中，再從象鼻出來；金光入於象眼中，再從象眼出；入於象耳之中，再從象耳出來；照於白象的頭頂上，再化作一個金臺。

　　象頭上站著三個化人，一個持著金輪，一個手持摩尼珠，一個手執持金剛杵。執持金剛杵者舉起杵來對著象，象即行進，象足沒有實際踏在地上，牠踏在虛空中而遊走，離地約七尺，但地上卻留有印文，於印文中還現出千輻轂輞，而且印文中的每一個轂輞間都生出一朵大蓮華，此蓮華上生出一隻化象，和六牙白象也具有七支，此象即隨著大象而

Samantabhadra

普賢菩薩

■ 萬年寺

萬年寺，位於大峨山上，從金頂下山，經華嚴頂、息心所即到「白水秋風」的萬年寺。

萬年寺原在東晉時，有蒲氏者，結廬於此，後改為寺。唐僖宗時（公元 874～888），慧通禪師至大峨，看見此寺在峰上，心中甚感奇異，打算登上山峰，當時剛好溪水泛漲，不能過渡。忽然看見一隻老虎，於是騎著老虎通過溪河，重修此寺，名曰慧通禪院。

宋太祖太平興國五年（公元 980）勅命重修，擴建銅殿，寺內供奉普賢大士銅像，賜名「白水普賢寺」。真宗時頒七寶冠、銅鐘鼓磬。仁宗嘉祐間（公元 1056～1063）再重新修建，賜紅羅紫繡袈裟，上有御書發願文。

明神宗萬曆間（公元 1573～1619）重修時，勅改為「聖壽萬年寺」。

民國三十五年遭火災。公元 1953 年重修。現存磚殿一楹，基礎仍為明代遺址。寺內供奉普賢菩薩騎六牙白象銅像，傳係宋代所鑄。其高為 6.8 米，重約 12 噸。普賢菩薩端坐於蓮台、象背上，頭載五佛金冠，身披袈裟衣，手執如意珠。

行，大象在舉足下足之間，出生了七千象而成為眷屬。

　　隨從的象群，其象鼻上有紅色蓮華，蓮華上有化佛放射出眉間的光明，其光明如同前面所敘述亦為金色光明，金光入於象鼻中，再從象鼻中出，入於象眼中，再從象眼出；還入於象耳中，再從象耳出；金光再照至象頸上，然後漸漸向上照至象背，然後化成金鞍，七寶莊嚴校具，於鞍四周有七寶柱，眾寶莊嚴校飾而形成寶臺。

　　臺中有一朵七寶蓮華，其蓮華鬚為百寶所共同形成，其蓮華臺是大摩尼，其上有一位菩薩結跏趺而坐，此菩薩名為：普賢，他的身為白玉色五十種光，光五十種色以為項光，身上的所有毛孔皆流出金光，其金光端上有無量化佛，無量化佛有諸化菩薩以為眷屬，他們安庠地徐徐步行，雨大寶蓮華，來到行者面前。

　　這時大象張開其口，於象牙上，有諸多浴池、玉女鼓樂絃歌，他們的音聲非常微妙，讚歎大乘為一實相之道。

　　普賢菩薩的內淨土──東方世界，當我們心中清淨的法性自在的生起、顯現，自然與法相應，這時會看見這個東方一切無量世界，此世界地平如掌一般，沒有堆阜、丘陵、荊棘，以琉璃鋪成的大地，黃金間側，十方世界亦復如是。見了琉璃大地，即看見寶樹，寶樹高妙五千由旬，寶樹常自然流出黃金、白銀、七寶等莊嚴，樹下也自然有寶莊嚴的師子座；其師子座高約二十由旬，座上也放射出百寶的光明。像

Samantabhadra

普賢菩薩

■ 峨眉山中以「普賢」為名的植物

普賢線：為樹上的苔鬚、蔓牽引而長成，長約數尺，或有生長在深谷中長約尋丈。煎湯服用，有治心氣疼痛的功效。

峨眉山一景

這樣的寶樹及寶座，每一個寶座上皆有五百隻白象，而白象
上亦皆有普賢菩薩安坐其上。

　　這是清淨的實報莊嚴世界中，普賢菩薩所顯現的淨土—
—東方世界。

Samantabhadra

普賢菩薩

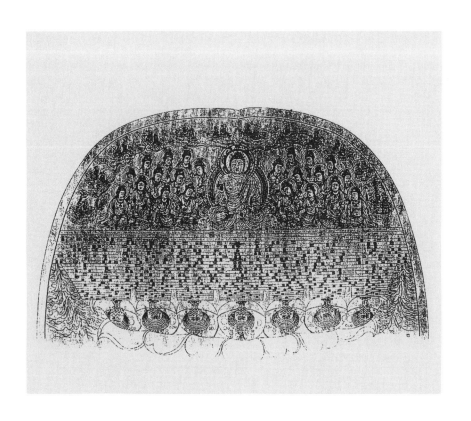

普賢菩薩的秘密淨土——蓮華藏世界海

03 普賢菩薩的秘密淨土——蓮華藏世界海

關於普賢菩薩的秘密淨土，在《大智度論》卷十〈釋初品十方諸菩薩來之餘〉中提到：「是遍吉菩薩一一毛孔常出諸佛世界諸佛菩薩，遍滿十方以化眾生，無適住處。……遍吉菩薩不可量、不可說，住處不可知。若住，應在一切世界中住。……」（此遍吉菩薩即指普賢菩薩）

此中所描寫的境界即是海印三昧所現起的蓮華藏世海，也就是普賢菩薩的秘密淨土。

在《華嚴經》八十卷〈入法界品〉中，對於此世界有詳盡的說明：

善財童子看見普賢菩薩身上的每一根毛孔，都現出所有世界微塵數的光明雲，遍滿法界、虛空界、一切世界，除滅了所有眾生的痛苦，凡是看到這景象的菩薩，沒有不生起大歡喜心。

這時，又看見普賢菩薩從身上的每一根毛孔中，現出一切佛刹微塵數的種種色香焰雲，遍滿法界、虛空界及諸佛眾會道場，並以這些香焰雲來普熏道場。

又看見他的每一根毛孔中，都示現一切佛刹微塵數的雜華寶雲，遍滿法界、虛空界、諸佛眾會道場，雨下眾多妙華。

Samantabhadra

普賢菩薩

乘騎著六牙白象的普賢菩薩（敦煌第 148 窟，北壁東側，壁畫，盛唐）

　　又看見普賢菩薩的每一根毛孔中，都示現一切佛剎微塵數的香樹雲，遍滿法界、虛空界及諸佛眾會道場，雨下眾多妙香；看見他的每一根毛孔，示現一切佛剎微塵數的妙衣裳，遍滿法界、虛空界及諸佛眾會道場，雨下眾多妙衣。

　　看見他的每一根毛孔中，示現一切佛剎微塵數的寶樹雲，遍滿法界、虛空界及諸佛眾會道場，雨下摩尼寶珠；看見他的每一根毛孔中，示現一切佛剎微塵數的色界天身雲充滿法界，讚歎菩提心。

　　看見他的每一根毛孔中，示現一切佛剎微塵數的梵天身雲，勸請諸位如來轉妙法輪；看見他的每一根毛孔中，現出一切佛剎微塵數的欲界天王身雲，護持所有如來的法輪。

　　看見他的每一根毛孔中，念念都示現一切佛剎微塵數的三世佛剎雲，遍滿法界、虛空界，讓沒有歸向正法的眾生都能趣向正法；讓沒有得到保護的眾生都能得到護持；讓沒有依止的人，都能得到依止。

　　善財又看見普賢菩薩的一一毛孔中，念念都示現一切佛剎微塵數的清淨佛剎雲，遍滿法界、虛空界及一切諸佛菩薩的眾會；看見菩薩的每一根毛孔中，念念示現一切佛剎微塵數的淨與不淨的佛剎雲，遍滿法界、虛空界，使雜染的眾生都能得到清淨；看見菩薩的每一根毛孔中，念念都示現一切佛剎微塵數不淨佛剎雲，讓完全染著的眾生都能得清淨。

　　看見菩薩的一一毛孔中，念念都示現一切佛剎微塵數的

Samantabhadra

普賢菩薩

普賢菩薩（敦煌第 159 窟，西壁南側，壁畫，中唐）

眾生身雲，遍滿法界、虛空界，凡是需要教化的眾生，都能讓他們完全發起無上正等正覺心；看見菩薩的每一根毛孔中，念念都示現一切佛剎微塵數的菩薩身雲，遍滿法界、虛空界，稱揚諸佛的名號，增長眾生的善根。

看見菩薩的一一毛孔中，念念都示現出一切佛剎微塵數的菩薩身雲，遍滿法界、虛空界、一切佛剎，宣揚諸佛菩薩從初發菩提心所生起的善根。又看見菩薩的每一根毛孔中，念念都示現一切佛剎微塵數的菩薩身雲，遍滿法界、虛空界，在所有的佛國剎土、每一個時劫，宣揚所有菩薩的大願海，以及普賢菩薩的清淨妙行。

看見菩薩的每一根毛孔中，念念都示現普賢菩薩的行雲，讓眾生都能得到滿足，具足修行一切智之道；看見菩薩的每一根毛孔中，示現一切佛剎微塵數的正覺身雲，在一切佛剎，示現成正覺，讓一切菩薩都能增長佛法，成就一切智慧。

這時，善財童子看見普賢菩薩如是自在神通境界，身心大歡喜，踴躍無量。他又觀察普賢菩薩的一一身體支分、一一毛孔，都有三千大千世界的風輪、水輪、地輪、火輪、大海、江河，以及諸寶山、須彌、鐵圍、村營、城邑、宮殿、園苑、一切地獄、餓鬼、畜生、閻羅王界、天龍八部、人和非人，欲界、色界、無色界處，日月星宿、風雲雷電、晝夜、月時，以及年劫、諸佛出世、菩薩眾會、道場莊嚴，

Samantabhadra

普賢菩薩

■ 展現普賢菩薩因、道、果的經典──《華嚴經》

　　《華嚴經》是一切眾生成佛的典範,是不退轉菩薩的皈命之處。《華嚴經》就是每法界中每一個眾生從初發心、勤修普賢行願、圓滿毘盧遮那佛果的修證記載。我們可將《華嚴經》視為法界的大劇本,以毘盧遮那為中心,以普賢行作為貫串。因此《華嚴經》中首先以一切的世主的讚誦來彰顯偉大的毘盧遮那如來;接著以如來的示現來標舉眾生依皈的如來果地;並以普賢三昧導引出無盡圓滿的華藏世界海。而以十信、十住、十行、十迴向、十地、十定、十通等菩薩階位,解說趣入佛果的境界因緣。最後翻入「入法界品」,以善財童子五十三參來實踐前述的佛境。

　　因此,我們要了知普賢在《華嚴經》中的殊勝。普賢因即為眾生的清淨佛性;普賢行即為一切的菩薩行,而以普賢菩薩為示現;普賢果即一切眾生圓滿成就的毘盧遮那佛果位。落實到人間的修習即以善財為表徵,當其發起菩提心,即具足圓滿普賢因,開始實踐普賢行;而其成就的依皈,即是在菩提場中始成正覺的「毘盧遮那佛」──釋迦牟尼。

如此等等事相無一不明白可見，就像看見我們這世界一般明白，十方所有一切世界也都可以如是得見。就好像看見現在的十方世界，前際、後際的所有世界也如此，各各差別分明，卻不相混亂。

　　如同在毗盧遮那如來道場示現的神通力；在東方蓮華德世界賢首佛道場，也是示現這樣的神通力。如在賢首佛處，像東方所有的世界，像南、西、北方、上下四維的所有世界每位如來道場，也都是如此示現神通力。

　　如同在十方一切世界，在十方一切佛剎，每一微塵中，也都有法界諸佛的眾會。每一位佛陀的道場，也有普賢菩薩坐在寶蓮華師子座上，如此示現神通力。

　　在一一普賢菩薩身中，也都示現三世的所有境界、所有佛國剎土、所有的眾生、諸佛出現、所有的菩薩、及聽聞眾生言語聲音、諸佛言語聲音、如來轉動法輪，菩薩所成就的各種行持、一切如來的自在遊戲神通。

　　以上是《華嚴經》中記載不可思議的普賢菩薩淨土──蓮華藏世界海的景況。

Samantabhadra

普賢菩薩

普賢菩薩可以自在地出入於不可思議廣大三昧

04 普賢菩薩的法身淨土

　　普賢的法身淨土，我們透過《華嚴經》〈十定品〉的記
載，便可以了知殊勝不可思議普賢菩薩的法身淨土。

　　會中大眾，以普眼菩薩爲首請問佛陀：

　　「世尊！普賢菩薩及所有安住普賢菩薩行願的菩薩，成
就了哪些解脫三昧，能在各種菩薩廣大三昧中或入定、或出
定、或適時而安住？因爲他們在不可思議廣大三昧中出入自
在，所以也能在一切三昧中神通自在而不休息。」

　　佛陀回答說：

　　「善哉！普眼菩薩！你爲利益過去、未來、現在三世的
所有菩薩，而提出這個問題。普眼菩薩！普賢菩薩現在就在
這裡。他成就的不可思議自在神通力，超出一切菩薩，確實
不易見到。因爲他從無量的菩薩行中生出，已經清淨所有菩
薩的廣大行願，於行願中從不退轉。他已經證得所有無量的
波羅蜜門、無障礙的陀羅尼門及無窮盡的辯才法門，因此能
夠以清淨無礙的大悲心利益眾生，以本願力窮盡未來的時際
而不厭倦。你應該請教普賢菩薩，他會爲你宣說他的『自在
解脫三昧』。」

　　這時，大會中的菩薩，當聽到普賢菩薩的名號時，立即
證得不可思議的「無量三昧」。他們的心念無有障礙、寂靜

Samantabhadra

普賢菩薩

運用自在神通力的普賢菩薩（宋，大理國，張勝溫畫梵像）

不動，智慧廣大而難以測量，三昧境界也甚深無比。他們能見到無數的諸佛示現眼前，因此而得證如來的威力，使自己的體性如同如來。他們能在三世中散發大法光明，擁有的福德更是不可窮盡，具足所有的神通力量。

這些菩薩對於普賢菩薩都由衷生起尊重，渴望能見到普賢菩薩，但是他們極目四望，怎麼也看不到普賢菩薩的身影，也沒看見普賢菩薩安坐的寶座。這其實都是如來威神力的加持，也是普賢菩薩運用自在神通力的產生結果。

這時，普眼菩薩又問佛陀：「世尊！普賢菩薩到底在哪裡呢？」

佛陀回答說：「普眼菩薩！普賢菩薩早就在這個法會，安住在我身邊，從開始到現在都沒有移動過。」

這時，普眼菩薩以及所有的菩薩又仔細觀察法會道場，四處尋覓。然後，普眼菩薩又對佛陀說：「世尊！我們還是見不著普賢菩薩的身影以及他的寶座。

佛陀回答說：「善男子！你們為什麼無法親眼看見呢？善男子！因為普賢菩薩安住的處所甚為深奧而不可說。普賢菩薩已經證得無邊的智慧法門，證入『師子奮迅定』的三昧境界，得證了無上自在的力用，又證入清淨無障礙的分際，生出如來的十種力用，以法界的寶藏作為身軀，因此一切如來都共同護持憶念，而且能夠在一念之間證入三世諸佛無所差別的智慧，所以你們根本無法親見普賢菩薩。」

師子奮迅定又稱師子威力三昧、師子頻伸三昧、獅子奮迅三昧。略稱奮迅三昧。三昧，定的意思。於所依之定中，如獅子王之奮迅勇猛，現佛之大威神力，故稱為師子奮迅三昧。

Samantabhadra

普賢菩薩

普賢菩薩乘著頂戴摩尼寶珠的白象

　　這時，普眼菩薩聽聞如來宣說普賢菩薩的清淨功德，立即證得十千阿僧祇三昧。他又以這些三昧的力量普遍觀察，渴望見到普賢菩薩，但還是無法看見。其他的菩薩大眾也都無法看見。

　　這時，普眼菩薩從三昧中起定，向佛陀說：「世尊！我已證入十千阿僧祇的三昧，竟然還是無法見著普賢菩薩，看不見他的身形以及身業、言語以及語業、意念以及意業、寶座以及住處。」

　　佛陀說：「如是！如是！善男子！你應當了解，這實在是因為普賢菩薩安住在不可思議的解脫力，所以你根本無法見著。普眼菩薩！你認為如何呢？有人能夠說出幻術中各種幻相安住的處所嗎？」

　　普眼菩薩回答：「不能。」

　　佛陀說：「普眼菩薩！幻術中的幻相尚且不可說，更何況是想要親見普賢菩薩的祕密身境界、祕密語境界、祕密意境界。為什麼呢？普賢菩薩甚為深奧的境界，是不可思議，也無法衡量，因為那早已超出任何可衡量的境界。簡要來說，普賢菩薩以金剛智慧普遍進入法界，在任何世界都沒有所謂的往來或安住可言。因為他了知眾生的身軀都不是身軀，沒有所謂的來與去，因此得證了無斷盡、無差別的自在神通力，沒有依止、沒有造作、沒有動轉，直到法界的究竟邊際。善男子！如果有人得以見到普賢菩薩，或是承事供

Samantabhadra

普賢菩薩

普賢菩薩像（日本鳥取豐乘寺）

養，或是聽聞名號，或是心中思惟憶念，或是生起信解，或是勤加觀察，或是開始趣向，或是正在覓求，或是興起誓願，只要相續不絕，都能獲得利益而不空過。」

這時，普眼菩薩以及菩薩眾，心中都渴望瞻仰普賢菩薩，而異口同聲地說：「南無一切諸佛！南無普賢菩薩！」如此稱名三次，再以頭頂禮敬拜。

這時，佛陀告訴普眼菩薩以及法會大眾：「諸佛子啊！你們應更加禮敬普賢菩薩，更加懇切請求，又應專心觀察十方世界，觀想普賢菩薩的身形示現面前。如此思惟，周遍法界，深心信解，厭離一切，發誓與普賢菩薩修習同一行願，也就是：證入真實不二的法門，身形普遍示現世間，完全知曉眾生根器的差別，在任何地方都能積集普賢菩薩的道業。如果你們能夠發起這樣的大願，就可以見到普賢菩薩。」

這時，普眼菩薩聽到佛陀所說的話，便與所有的菩薩同時頂禮，請求親見普賢大士。

這時，普賢菩薩即以解脫神通力的力量，回應了普眼菩薩以及所有菩薩的請願，為他們示現色身，使他們都能看到普賢菩薩出現於如來身旁，在菩薩大眾中端坐蓮花寶座上；也讓他看到普賢菩薩相續出現在其他一切世界的所有佛所；也看到普賢菩薩在他方一切佛所，演說一切菩薩行願，開示一切智智，闡明一切菩薩神通，分別一切菩薩威德，示現一切三世諸佛。

Samantabhadra

普賢菩薩

乘著六牙白象的普賢菩薩（日本　東京國立博物館）

　　這時，普眼菩薩以及所有的菩薩，看見普賢菩薩的神通變化，心中無比歡喜，都極為尊重地向普賢菩薩頂禮，就如同看見十方諸佛一般。

　　這時，由於佛陀的廣大威神力，加上所有菩薩信仰解悟的力量，以及普賢菩薩的本願力，天空自然雨下十千種雲，也就是：種種的華雲、種種鬘雲、種種的香雲、種種的末香雲、種種的蓋雲、種種的衣雲、種種的嚴具雲、種種的珍寶雲、種種的燒香雲、種種的繪彩雲。又有不可說數的世界同時發生六種震動。又演奏著天上的音樂，樂聲飄揚遠至不可說數的世界。又放射出大光明，這大光明普遍照耀不可說數的世界，滅除所有地獄、餓鬼、畜生等三惡道，使不可說數的世界莊嚴清淨；更使不可說數的菩薩趣入普賢行願，不可說數的菩薩成就普賢行願，不可說數的菩薩因圓滿普賢行願而成就無上正等正覺。

　　這時，普眼菩薩向佛陀說：「世尊！如此看來，普賢菩薩確實是安住廣大威德、安住無等、安住無過、安住不退轉、安住平等、安住不沮壞、安住一切差別法、安住一切無差別法、安住一切眾生善巧心所安住、安住一切法自在解脫三昧。」

　　以上為《華嚴經》中所描述的普賢菩薩的住處，也就是普賢菩薩的法身淨土。

六種震動是大地震動的六種相，《大品般若經》記載，依地劫的方向，而舉出東涌西沒、西涌東沒、南涌北沒、北涌南沒、邊涌中沒、中涌邊沒等六種震動相。在《新華嚴經》中也指出動、起、涌、震、吼、擊（搖）等。而依佛教經典記載，當釋迦牟尼佛誕生、成道、說法或如來出現時，大地皆有六種震動的現象產生。

Samantabhadra

普賢菩薩

深刻了知普賢的心意，更能容受普賢的加持

第四章　如何祈請普賢菩薩

　　如果我們聽聞普賢菩薩的名號，更持誦其名號、讀誦普賢經典等，則普賢菩薩將騎著六牙白象現身守護我們。

01 祈請普賢菩薩的守護

　　我們祈請普賢菩薩的守護，很重要的一點是要了解普賢菩薩的心意；透過了知菩薩的心，而親切地與菩薩相應，更能容受菩薩的心意加持。

深刻了知普賢菩薩的心意

　　什麼是普賢心呢？

　　在《華嚴經》卷五十三〈離世間品〉中曾經提到菩薩行者應發起的十種「普賢心」，他分別是：大慈心、大悲心、施心、念一切智爲首心、功德莊嚴心、如金剛心、如海心、如大山王心、安穩心、般若波羅蜜究竟心。

　　由於普賢菩薩的這十種心，所以他成就了普賢善巧智慧法門。發起大慈心，所以能救護一切眾生；發起大悲心，能

Samantabhadra

普賢菩薩

我們應當體解普賢菩薩如何將心中的意念轉化而付諸於實際的行動

夠代替一切眾生受苦；發起施心，能夠捨棄所有的一切利益眾生；發起憶念一切智慧爲上首心，如此能夠樂於求取一切佛法；發起功德莊嚴心，能夠學習一切菩薩行；發起如金剛堅固的心，能夠在一切處受生而不忘失正念；發起如大海心，因爲菩薩的一切潔白清淨法都能流入其中；發起如大山王的心，所以能忍受一切惡言，不爲所動；發起安穩心，所以能布施眾生一切事情，使他們毫無怖畏；發起般若波羅蜜究竟心，所以能善巧觀察一切法空無所有。

但是如果我們能透過普賢菩薩的加持，進而學習、安住在這十種普賢心，那麼我們就能夠成就普賢善巧智慧法門。

由心意轉化為行動的普賢行

我們除了瞭解普賢菩薩的心意外，更要體解普賢菩薩如何由心意轉化爲實際行動的行動力。在《華嚴經》卷五十三就提及由普賢心所發起的十種普賢行法：

「佛子啊！普賢摩訶薩有十種普賢行法。是哪十種呢？就是：一、願安住未來一切時劫。二、願供養恭敬未來一切佛陀。三、願安置一切眾生於普賢菩薩行。四、願積集一切善根。五、願深入一切波羅蜜。六、願滿足一切菩薩行、七、願莊嚴一切世界。八、願生於一切佛刹。九、願善巧觀察一切法。十、願於一切諸佛國土成就無上菩提等十種普賢行法。」

Samantabhadra

普賢菩薩

■ 一「劫」有多長？

「劫」是古代印度的時間單位，代表著十分長遠的時間。佛教對於時間的觀念，以劫為基礎，來說明世界生成與毀滅的過程。在佛教經典中常用一些譬喻，來表示劫的時間長度。

如經典《大藏法數》中列舉草木、沙細、芥子、碎塵、拂石等五種譬喻，其中芥子與拂石最為常見。

如果用芥子劫，這則譬喻我們假定有一座立方體的城市，每邊長有一由旬（40里），城裡裝滿芥子粒，諸天每三年至此取一粒，等到所有芥子都拿光了，是為一劫。

再看磐石劫的譬喻，假定有一個堅硬的立方體大石頭，每邊長有一由旬，每年一次以天衣拂一次，直到磐石磨滅或消滅的時間，是為一劫。

又，上述的劫有大、中、小三種。大劫城（如磐石）為周圍120里，中劫80里，小劫40里。此外，若將三千大千世界之大地草木化為微塵，每百年捨去一塵，一直至完全捨盡為止，此一期間謂之「地微塵劫」。

如果我們能夠完全了知普賢心，實踐普賢行，親切地與普賢相應，必能獲致普賢菩薩的慈悲護佑。

稽首普賢的甚深恩德

在《華嚴經》〈入法界品〉中記載，如果有眾生能聽聞普賢菩薩的名號，就能證得無上正等正覺、令其生起不退轉心，可見普賢菩薩對我們的恩德之深，我們誠致地稽首普賢的深恩。其經文是：

「善男子！若有眾生未種善根，及種少善根聲聞、菩薩猶尚不得聞我名字，況見我身！善男子！若有眾生得聞我名，於阿耨多羅三藐三菩提不復退轉；若見若觸，若迎若送，若暫隨逐，乃至夢中見聞我者，皆亦如是。或有眾生，一日一夜憶念於我即得成熟；或七日七夜、半月一日、半年一年、百年千年、一劫百劫，乃至不可說不可說佛剎微塵數劫，憶念於我而成熟者；或是我放大光明，或見我震動佛剎，或生怖畏，或生歡喜，皆得成熟。善男子！我以如是等佛剎微塵數方便門，令諸眾生於阿耨多羅三藐三菩提不退轉。

善男子！若有眾生見聞於我清淨剎者，必得生此清淨剎中；若有眾生見聞於我清淨身者，必得生我清淨身中。善男子！汝應觀我此清淨身。」

此段經文的白話語譯是：善男子！凡是未曾種下善根，以及種很少善根的聲聞、菩薩，尚且無法聽聞我的名字，更

*S*amantabhadra

普賢菩薩

普賢菩薩像（中國雲岡第九窟）

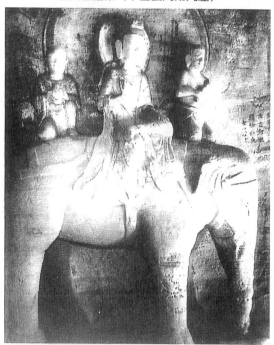

普賢菩薩像（中國慶陽北石窟寺第 165 窟）

何況是看見我的身相。善男子啊！如果有眾生能聽聞我的名號，就能證得無上正等正覺、令生不退轉的心；凡是看見、撫觸、迎接、相送、或暫時跟隨我，乃至夢中見聞我的眾生，都是如此。

若有人能一日一夜不斷地憶念我，那麼他就會立刻成熟不退轉菩提心；假使有人能七日七夜，乃至半月一月、半年一年、百年千年、一個時劫或百個時劫，乃至不可說不可說佛剎微塵數的時劫，都不斷憶念我的，一定會成熟不退轉菩提心；如果有人能以一生、或百生，乃至不可說不可說佛剎微塵數生憶念我的話，也一定會圓滿不退轉菩提心。凡是看見我放大光明，或是看見我震動佛國剎土，或生起怖畏，或心生歡喜的眾生，也都能夠成熟無上正等正覺不退轉的心。

善男子啊！我能用如是佛剎微塵數的方便法門，讓諸眾生獲得不退轉的無上正等正覺。

善男子啊！凡是能看見我的清淨國土的眾生，都一定能得生在這個清淨國土之中；凡是看見我清淨色身的眾生，也一定能得生我的清淨色身之中。所以，善男子啊！你應該仔細地觀察我這清淨身相。

依據經典的記載，如果我們聽聞了普賢菩薩的名號，就能證得無上正等正覺，更何況我們不僅體解普賢心，實踐普賢行。普賢菩薩功德不可思議，在此我們很虔誠的稽首普賢的甚深恩德。

Samantabhadra

普賢菩薩

木造普賢像

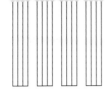

（請填寫郵遞區號）

地址：

姓名：

全佛文化事業有限公司　收

台北郵政第 26 ～ 341 號信箱

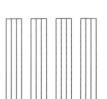

謝謝您購買此書,如您對本書有任何建議或希望收到最新書訊、
全佛雜誌與相關活動訊息,請郵寄或傳真寄回本單。(免貼郵票)

姓名:＿＿＿＿＿＿＿＿＿＿＿＿＿ 性別:□男 □女

電話:＿＿＿＿＿＿＿＿＿＿＿＿＿ 手機:＿＿＿＿＿＿＿＿＿＿＿＿

出生日期:＿＿＿＿年＿＿＿月＿＿＿日 婚姻狀況:□已婚 □未婚

住址:＿＿＿＿＿＿＿＿＿＿＿＿＿＿＿＿＿＿＿＿＿＿＿＿＿＿＿＿

E-mail:＿＿＿＿＿＿＿＿＿＿＿＿＿＿＿＿＿＿＿＿＿＿＿＿＿＿＿

法門傾向:□顯宗 □密宗 □禪宗 □淨土 □其他＿＿＿＿＿＿＿

職業:□學生 □自由業 □服務業 □傳播業 □金融商業 □資訊業
　　　□製造業 □出版文教 □軍警公教 □其他＿＿＿＿＿＿＿＿

■您所購買的書名:＿＿＿＿＿＿＿＿＿＿＿＿＿＿＿＿

■您如何購得此書?

　□書店＿＿＿＿＿＿縣/市 ＿＿＿＿＿＿＿書店

　□網路平台(書店)＿＿＿＿＿＿＿ □其他＿＿＿＿＿＿＿

■您對本書的評價 (請填代號1.非常滿意 2.滿意 3.尚可 4.待改進)

＿＿定價 ＿＿內容 ＿＿封面設計 ＿＿版面編排 ＿＿印刷 ＿＿整體評價

■給我們的建議:＿＿＿＿＿＿＿＿＿＿＿＿＿＿＿＿＿

＿＿＿＿＿＿＿＿＿＿＿＿＿＿＿＿＿＿＿＿＿＿＿＿＿＿＿＿

＿＿＿＿＿＿＿＿＿＿＿＿＿＿＿＿＿＿＿＿＿＿＿＿＿＿＿＿

全佛文化事業有限公司
TEL:886-2-2219-6988　FAX:886-2-2219-6989
http://www.buddhall.com.tw

　　而且普賢菩薩於法華會上，誓言將於法華三昧道場，現身守護安慰法華行者。《法華經》〈普賢勸發品〉記載：「是人若行若立，讀誦此經；我爾時乘六牙白象王與大菩薩，俱詣其所而自現身，供養守護，安慰其心。」在經中很明白的標示出：假若有人讀誦《法華經》，普賢菩薩會乘著他的六牙白象和眾大菩薩，在此人的處所現身，安慰、供養、守護此人。

Samantabhadra

普賢菩薩

木造普賢菩薩像（日本　京都　多禰寺）

02 普賢菩薩的感應故事

誦普賢功德癒病

在《大智度論》卷九記載，大月氏西邊的佛肉髻住處國，有一位身患癩風病的病人來至遍吉菩薩（普賢）法像前，一心皈依稱念遍吉菩薩的功德，希望以此念誦的功德來除去此病。

當時，感得遍吉菩薩像以右手寶渠光明撫摩他，他的癩風病即立刻除癒。

讀誦《法華經》感得普賢菩薩守護

另外，《大智度論》也記載，有一個國家，其國內有一位阿蘭若比丘，他因為讀誦大乘經典的緣故，其國的國王常布髮令他蹈上而過。有其他的比丘看見這種情形，非常不解地告訴國王說：此人摩訶羅，不多讀經，為何給予以如此的大供養呢？

國王便回答說：有一天夜半，我想要見此比丘，於是前往他的住處，看見這位比丘在洞窟中讀誦《法華經》，當時我看見一位金色光明人，乘騎著白象，合掌供養，我一轉近他便消失了。

*S*amantabhadra

普賢菩薩

板雕法華曼荼羅

當時我即詢問比丘大德，為什麼我一接近，金色光明人便消失了。

這位比丘說：金色光明人即是遍吉菩薩。這是因為遍吉菩薩曾經說過：若有人讀誦《法華經》者，我當乘著白象來教導他。因為我讀誦《法華經》的緣故，所以遍吉菩薩依其誓願前來守護。

誦《法華經》感得普賢菩薩示現

依據蓮社《高賢傳》記載，曇翼餘杭人，當初入於廬山依怙遠公的後人，於閉關中見得鳩摩羅什東還會稽入於秦望山，於是開始誦念《法華經》長達十二年，感得普賢大士化身為女子前來，身上披著妙采服飾，攜帶筠籠，一白豬、大蒜兩根。

來到師的面前說：我入山採野菜，太陽已西斜，豺狼四處縱橫，回家的途中恐怕發生危險，是否可請求師父讓我留宿一晚。

師極力拒絕，而女子卻一直苦苦哀求，於是便讓她在草床上休息。

到了半夜的時候，女子突然腹痛，痛苦萬分，便告訴師請求幫她按摩來停止她的痛苦。師因為持守戒律的緣故，不可以碰觸女子而拒絕了她。然而女子的哀號聲卻更嚴重了，師只好用布裹著錫杖，遠遠地為她按摩。

Samantabhadra

普賢菩薩

華嚴法會像（中國杭州飛來峰石窟）

　　隔天清晨，女子的采服化為祥雲，而帶來的白豬變成白象，兩根大蒜而則化為兩朵蓮花，至於那女子則凌空而上消失無蹤。

　　師說這是普賢菩薩特來測試，因誦念《法華經》，感得普賢菩薩化為女子前來。

普賢菩薩的靈驗事蹟

　　依據《太平廣記》的記載，開元初同州界有數百家為東西普賢邑社，都建造普賢菩薩的尊像，而且每日都設齋。

　　東社邑家青衣以齋日生子，於是命這孩子名為普賢，當他十八歲時，在邑社裡打雜，什麼工作他都要做，後來因為有一回在設齋之日，普賢忽然推倒普賢身像，而自己就坐放置普賢的地方，邑社的長老、看到的人們全都非常生氣，不僅詬罵他，甚至鞭撻他。

　　普賢笑著說：我是因為你們心志的緣故而出生在此，你們見到真正的普賢，不僅不能加以尊敬，反而祈求這個土像，有何益處呢！於是忽然變化成身黃金色的普賢菩薩，乘著六牙白象，於空中飛去，放出大光明，天花綵雲五色相映。

　　於是邑老才體悟這是普賢菩薩示現的大作用，心中甚為驚奇又感到慚愧。

　　而西社為普賢邑齋者，僧徒才剛剛集聚，忽然有婦人懷

Samantabhadra

普賢菩薩

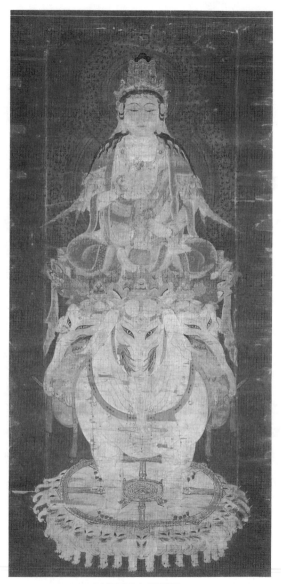

普賢延命菩薩像

妊將要生產，因為這懷孕的婦人入於普賢堂殿中，人們便呵
怒她不可進入堂殿，結果她於座前產下一男嬰，然而因為剛
產下男嬰，其景狀甚為污穢不淨，大家又不敢將這些污穢拿
出去，於是又更忿怒地辱罵這婦人。

　　忽然之間，婦人所產下的男嬰變化為普賢菩薩，光明照
耀，相好端嚴殊麗，其污穢之物皆成了香花，他於是乘著白
象騰空，一會兒便消失了踪跡，當地的父老們都自恨愚癡，
不識得普賢菩薩，因為此事，刺傷自己眼睛者十餘人。

Samantabhadra

普賢菩薩

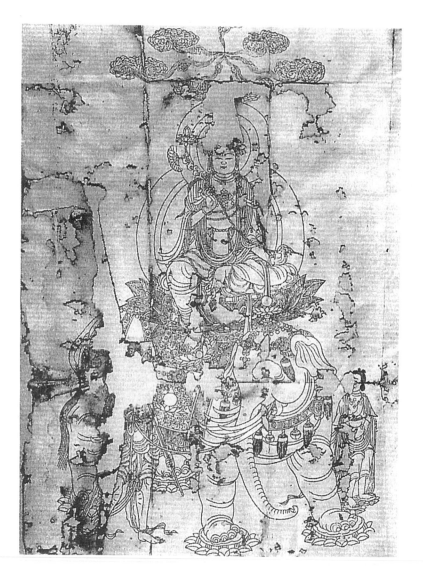

普賢十大願是一切菩薩的共行

第五章　普賢十大願修持方法

　　普賢十大願的功德無量，能快速地滅除身心的種種苦惱，行於世間無有障礙，並且為諸佛所讚歎，成就上好身相，於未來亦能轉生極樂世界，是迅速積聚福德的殊勝法門。

　　普賢十大願的意義是菩薩行者藉著實踐此十大願來積聚資糧，然而菩薩並不是為了追求福德智慧才這麼做。因為菩薩自身即是不斷增長福德智慧者，這是菩薩為了救度眾生的緣故。所以菩薩追求福德無有厭足，這其中無有執著，只是為了使眾生達到解脫的境地，因此他必須聚集廣大福德才能使一切眾生圓滿。

　　一般常提到的願，是指菩薩的通願，有四願、五願、六願或七願等，如四弘誓願、藏密有七支讚，七支供養。其中普賢十大願是最完整的，也是修法中很重要的部分。

　　關於普賢十大願，其出處是記載於《四十華嚴》〈入不思議解脫境界普賢行願品〉：

　　爾時普賢菩薩摩訶薩，稱歎如來勝功德已，告諸菩薩及善財言：「善男子！如來功德，假使十方一切諸佛，經不可

Samantabhadra

普賢菩薩

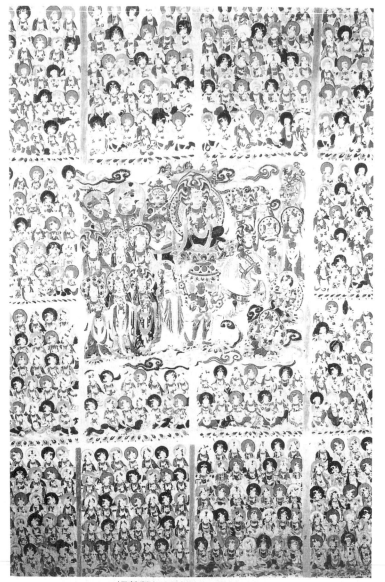

一切菩薩行最終匯集皆是普賢行

說不可說佛刹極微塵數劫，相續演說，不可窮盡。若欲成就此功德門，應修十種廣大行願。何等爲十？一者禮敬諸佛，二者稱讚如來，三者廣修供養，四者懺悔業障，五者隨喜功德，六者請轉法輪，七者請佛住世，八者常隨佛學，九者恆順眾生，十者普皆迴向。」

這十大願的主體是：上求如來、下化眾生。以上求佛法爲主，再下化眾生，上求無上菩提，依此功德下化眾生，它的入手處是從讚歎諸佛的功德爲開始。

菩薩的行願大概不出此十種，但是每個菩薩特重的方向不同，如地藏菩薩是以到最惡苦之處救度眾生爲本願，其行願也含於此十大願中，但入手與偏重處卻不同。

所以一切菩薩行最終匯集皆是普賢行，否則就無法圓滿菩薩行願、成就佛果。

因此，我們不僅祈請普賢菩薩的加持護佑，更學習其心意、行迤，以此我們開始練習修持普賢菩薩十大願行的方法。

法輪自阿育王統治的時代起，就成為佛法及佛陀說法的象徵。
或以輪比喻佛法，其意義有三種：
⑴摧破之意，因佛法能摧破衆生的罪惡，猶如轉輪聖王的輪寶，能輾摧山岳巖石，故喻之為法輪。
⑵輾轉之義，因佛之說法不停滯於一人一處，猶如輪輾轉不停，故稱法輪。
⑶圓滿之義，因佛所說的教法圓滿無缺，故以輪之圓滿喻之，而稱法輪。大智度論卷二十五：「佛轉法輪，一切世間天及人中無礙無遮。（中略）遇佛法輪，一切煩惱毒皆滅。（中略）一切邪見、疑悔、災害皆悉消滅。」

Samantabhadra

普賢菩薩

■ 普賢菩薩的第一大願：禮敬諸佛

　　禮敬諸佛是生起甚深的信心與體解，以清淨的身體、語言、心意禮敬十方、過去、現在、未來三世佛國剎土極微塵數的諸佛，乃至周遍禮敬不可說不可說佛剎微塵的佛陀，每一個念頭、每一個念頭都相續不斷，無有窮盡。

禮敬諸佛：禮敬十方三世一切諸佛

01 禮敬諸佛

第一禮敬諸佛，在經中是如是記載：

> 　　普賢菩薩告善財言：「善男子！言禮敬諸佛者，所有盡法界、虛空界、十方三世一切佛剎極微塵數諸佛世尊，我以普賢行願力故起深信解，如對目前。悉以清淨身語意業常修禮敬，一一佛所皆現不可說不可說佛剎極微塵數身，虛空界盡，我禮乃盡，而虛空界不可盡故，我此禮敬無有窮盡。如是乃至眾生界盡，眾生業盡、眾生煩惱盡，我禮乃盡。而眾生界乃至煩惱無有盡故，我此禮敬無有窮盡，念念相續，無有間斷，身、語、意業無有疲厭」。

在這樣的描述中，就是一個明顯的禪觀方法，對上祈請一切如來，而從禮敬中下化眾生。

言禮敬諸佛者，所有盡法界、虛空界，十方三世一切佛剎極微塵諸佛世尊，我以普賢行願力故起深信解，如對目前。這是禮佛究竟。

當我們禮敬諸佛時，不只是禮敬一方的佛剎的佛陀，而是現觀十方、過去、現在、未來三世一切諸佛同時炳現；當我們禮佛時，觀想十方三世微塵數佛菩薩全部都現起，此時

Samantabhadra

普賢菩薩

禮敬諸佛：以清淨的身體、語言、心意常常修習禮敬

自己的心是極為柔軟，以普賢行願力故，又因普賢菩薩加持我們的緣故，使禮敬的我們自然生起甚深的信解，使我們的觀想在剎那間變成了現觀，現見諸佛現立在我們面前。

　　當我們現觀十方三世一切諸佛時，要使我們的一切心念息滅寂止，然後從極清淨中自然現起十方三世諸佛。因自身清淨的緣故，而且蒙受普賢行願力的加持，加上對諸佛生起甚深的淨信與體解，所以能極明顯現見諸佛世尊。

　　悉以清淨身語意業常修禮敬，一一佛所皆現不可說不可說佛剎極微塵數身，虛空界盡，我禮乃盡，而虛空界不可盡故，我此禮敬無有窮盡。也因普賢行願力故，以及行者自身的善業力、修持力故，以清淨的身體、語言、心意常常修學禮敬。

　　因普賢菩薩的行願力故，於一一佛所皆現起不可說不可說的佛剎極微塵數身，一切如來影現中。也可說現在於我們一一細胞、一一毛孔中，由內到外，遍虛空無盡，內達凌虛塵，遍虛空，皆有一一如來，而我們的一一身全部都在禮敬，如果能安住在此境界中，即可現觀蓮華藏世界海，這是普賢菩薩幻化身的大禮拜。這是普賢十大願中真正的禮敬諸佛。

　　佛剎極微塵數身，一一身遍禮不可說不可說佛剎極微塵數佛。我們化身無量無邊，在一一佛所現身禮佛。

　　這樣的修行境界是無法以思惟來成就的，只有在我們心

*S*amantabhadra

普賢菩薩

禮敬諸佛：隨時隨地禮敬諸佛

念完全息滅時，此境界才能如海印現前，影現一一身於諸佛所，彈指間即於一一佛前現身，一一身遍禮不可說不可說佛剎極微塵數佛，行者之心，隨時安住於十方三世來禮敬諸佛。在蓮華藏世界海中，我們隨時隨地都在禮佛。

　　如是乃至眾生界盡，眾生業盡、眾生煩惱盡，我禮乃盡。而眾生界乃至煩惱無有盡故，我此禮敬無有窮盡，念念相續，無有間斷，身、語、意業無有疲厭。

　　這裏顯示不只是我們上求佛法，同時也將禮佛的功德迴向給眾生，願眾生界煩惱盡。但是因為眾生與眾生煩惱無有窮盡，所以禮敬也無有窮盡，這是無間地禮敬。所以每一個念頭都要相續無有間斷，永遠至誠恭敬地禮敬，身、語、意業無有疲厭，這就是無間禮佛，這是為了對佛陀生起甚深信心的緣故，對眾生生起無限慈悲的緣故，念念相續，無間地禮佛。這是現觀的境界，如果無法達到此境界，先練習思惟、觀想，再逐漸達到現觀的境界。

　　在海印三昧境界中的普賢菩薩的第一大願，就是要隨時隨地禮敬諸佛，身化十方，一一禮佛，同時要善於觀察自身，化身無量世界、無量身在禮佛，這種境界只有在無我、如幻的現觀中才能現起。

　　如同普賢菩薩自身所自證的境界一般，於一一身中，一一毛孔中皆有無數諸佛。我們禮佛時，自身即是無量法界，每一個細胞也在禮佛，化為光明的境界，我們的每一個細

119

Samantabhadra

普賢菩薩

禮敬諸佛：我們禮佛時，身上的每一個細胞都在禮佛

胞、毛孔皆是佛刹，皆有佛安住，一一細胞皆禮敬我們自身
毛孔中的一一如來，內無窮盡，外也無窮盡，一一毛孔相攝
相入，能禮所禮性空寂，感應道交難思議，整個身心道場如
帝珠一般。

Samantabhadra

普賢菩薩

■ 普賢菩薩的第二大願：稱讚如來

以清淨的語業來稱讚如來的種種功德，每一個音聲念念相續不斷都是稱揚讚歎一切如來功德海。

稱讚如來：以清淨的語業稱讚如來的種種功德

02 稱讚如來

　　復次，善男子！言稱讚如來者，所有盡法界、虛空界，十方三世一切剎土，所有極微一一塵中，皆有一切世界極微塵數佛，一一佛所皆有菩薩海會圍遶。我當悉以甚深勝解，現前知見，各以出過辯才天女微妙舌根，一一舌根出無盡音聲海，一一音聲出一切言辭海，稱揚讚歎一切如來諸功德海，窮未來際，相續不斷，盡於法界，無不周遍。如是虛空界盡，眾生界盡，眾生業盡，眾生煩惱盡，我讚乃盡。而虛空界乃至煩惱無有盡故，我此讚歎無有窮盡，念念相續，無有間斷，身、語、意業無有疲厭。

　　第一行願禮敬諸佛是身業清淨，第二行願稱讚如來是語業清淨。

　　復次，善男子！言稱讚如來者，所有盡法界、虛空界，十方三世一切剎土，所有極微一一塵中，皆有一切世界極微塵數佛，一一佛所皆有菩薩海會圍遶。

　　普賢菩薩講完第一大願後，接著講第二大願：稱讚如來的種種功德。

　　所有盡法界、虛空界、十方三世一切剎土，所有極微細

Samantabhadra

普賢菩薩

■ 以出過辯才天女微妙舌根，稱揚讚歎如來功德

　　辯才天為古代印度婆羅門教、印度教的文藝女神。在梵書與摩訶婆
羅中，為話言女神；據傳他是梵語及天城體字母之創造者，並掌管詩歌、
音樂，為藝術和科學的保護者，最後成為智慧與雄辯女神。

　　辯才天女，是自在天王那裏的一個綵女，名叫善口，她的舌根能夠
變化出許多舌根來，並且，她每一條的舌根都能夠發出無窮無盡的各種
音聲來的：她所發的每一種音聲，又能夠同了幾百幾千種樂器的聲音和
合攏來的。

的每一粒灰塵中，都有一切世界化成極細小的灰塵那麼多的佛，每一尊佛的面前都有菩薩海會圍繞。

　　我當悉以甚深勝解，現前知見，各以出過辯才天女微妙舌根，一一舌根出無盡音聲海，一一音聲出一切言辭海，稱揚讚歎一切如來諸功德海，窮未來際，相續不斷，盡於法界，無不周遍。

　　我們要以甚深智慧信解，現前現觀知見，以超越一切辯才天女的微妙舌根，一一舌根發出無量音聲海，一一音聲發出一切言辭海，稱揚讚歎一切如來諸功德海，窮盡未來之際相續不斷。

　　法界中所有音聲都是諸佛舌根所發出，盡法界、虛空界，一切現前實相就是甚深勝解與知見，一切現前實相，即是不可思議如來，即是不可思議淨土，即是一切菩薩所圍繞，層層相疊，相互印攝無盡，其中一切音聲海皆是微妙舌根所出生，我能出生無盡無量舌根，一一舌根讚歎無盡無量諸佛，所以盡法界虛空界一切音聲皆是現前實相，現前知見，都是能體悟如來的智慧甚深，所以這一切音聲都是能讚歎諸佛的音聲，一切音聲皆發出一切如幻言辭海，讚歎一切諸佛如來的功德。

　　如是虛空界盡，眾生界盡，眾生業盡，眾生煩惱盡，我讚乃盡。而虛空界乃至煩惱無有盡故，我此讚歎無有窮盡，念念相續，無有間斷，身、語、意業無有疲厭。

Samantabhadra

普賢菩薩

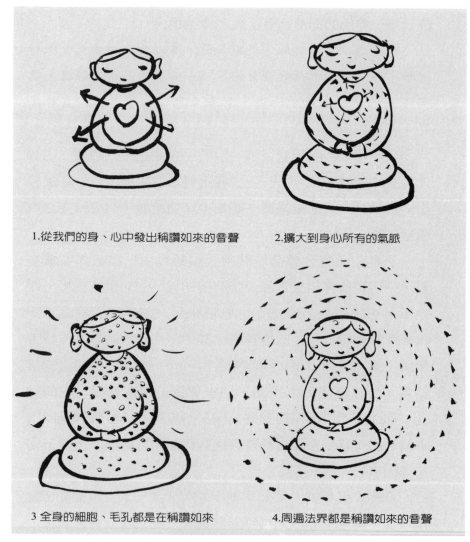

1.從我們的身、心中發出稱讚如來的音聲

2.擴大到身心所有的氣脈

3.全身的細胞、毛孔都是在稱讚如來

4.周遍法界都是稱讚如來的音聲

從自身開始練習稱讚如來

法界無盡，虛空界無盡，音聲自然無盡，我們的心相應於現觀實相，我們的心如幻，能了知這一切音聲即是我們的微妙舌根所現起，念念相續，念念清淨，念念如實觀照，念佛稱讚如來，如實讚歎諸佛的身體、語言、心意無有疲厭。

了解以上經文的意旨，接著，從我們自身開始練習。每一個發出的音聲都是「念佛三昧」，從我們的心中、身中發出念佛、稱讚如來的音聲，擴大到身心所有的氣脈，到達每一個細胞、每一個毛孔，全身所有細胞都是在稱讚如來，從每一個毛孔中進而周遍法界、無量法界，如此一切毛孔相攝相入，一切廣大不可思議的境界，全部都是由我們自心所啟發，如實的勝義體解，如實現前知見，稱讚十方三世一切如來，此讚歎無有窮盡。

因為我們生生世世於菩提願中不斷行持、祈請的緣故，所以所有的行為皆是稱讚如來的音聲，無有窮盡，念念相續不斷，窮盡未來際。我們要了解，在此的稱讚並不同於世間的稱讚，特別是要以甚深的信解、現前的知見來稱讚如來。

這樣的稱讚是透過了悟空性、三法印、甚深緣起，了悟十方三世同時炳現，體解《華嚴經》中的意旨、普賢的心願，蒙受普賢行願力的加持，然後從無我中出現無量微妙舌根，在無我的現觀中，一切音聲皆是稱讚如來的音聲，從無我中了知一與異並不是相互對立的，如此我們的一一細胞、一一毛孔全部都是稱讚如來。

Samantabhadra

普賢菩薩

■ 普賢菩薩的第三行願：廣修供養

　　常以上好勝妙的供養具供養諸佛，而且常行諸多供養之中的最極供養——法供養。

03 廣修供養

　　復次善男子：言廣修供養者，所有盡法界、虛空界，十方三世一切佛刹極微塵中，一一各有一切世界極微塵數佛，一一佛所，種種菩薩海會圍遶，我以普賢行願力故，起深信解。現前知見，悉以上妙諸供養具而爲供養，所謂：華雲、鬘雲、天音樂雲、天傘蓋雲、天衣服雲、天種種香、塗香、燒香、末香如是等雲，一一量如須彌山王；然種種燈，酥燈、油燈、諸香油燈。一一燈炷如須彌山，一一燈油如大海水；以如是等諸佛供養具，常爲供養。

　　善男子！諸供養中，法供養最，所謂：如說修行供養、利益衆生供養、攝受衆生供養、代衆生苦供養、勤修善根供養、不捨菩薩業供養、不離菩提心供養。

　　善男子！如前供養無量功德，比法供養一念功德，百分不及一，千分不及一，百千俱胝那由他分、迦羅分、算分、數分、諭分、優婆尼沙陀分，亦不及一。

　　何以故！以諸如來尊重法故，以如說修行出生諸佛故，若諸菩薩行法供養，則得成就供養如來，如是修行，是眞供養故。此廣大最勝供養，虛空界盡，衆生界盡，衆生業盡，衆生煩惱盡，我供乃盡。而虛空界乃至

Samantabhadra

普賢菩薩

普賢菩薩像

煩惱不可盡故，我此供養亦無有盡，念念相續無有間斷，身、語、意業無有疲厭。

　　首先，從「所有盡法界、虛空界……種種菩薩海會圍遶。」這是蓮華藏世界海的境界，當我們的心完全無住且不執著時，整個蓮華藏世界海就自然會完全現起。

　　我以普賢行願力故，起深信解。現前知見，悉以上妙諸供養具而為供養，所謂：華雲、鬘雲、天音樂雲、天傘蓋雲、天衣服雲，天種種香、塗香、燒香、末香如是等雲，一一量如須彌山王；然種種燈，酥燈、油燈、諸香油燈，一一燈炷如須彌山，一一燈油如大海水，以如是等諸佛供養具，常為供養。

　　又以普賢行願力來加持我們，讓我們生起甚深信解，現前知見，能以我們所能具足的功德、所有的思惟所具足的功德，身、語、意業所能具足的莊嚴供養具來供養佛陀。

　　現前身業上，我們可以製造種種功德供具，如八供、五供等等能增加諸佛歡喜、增加諸佛功德莊嚴的器具，一切所能具足的來供養。

　　讚歎如來則是言語的供養。在意念方面，如果我們能在禪定、三昧中思惟種種廣大供養，各種花、各種鬘雲、各種天音樂雲等等各種天音，各種華蔓、各種香皆聚集如雲一般。

Samantabhadra

普賢菩薩

普賢菩薩像

　　那麼我們從身業所具足來行供養；語業，以稱讚來供養；意業，以思惟觀想來供養；如燃點種種燈，則觀想燈炷如須彌山高、燈油多如大海水一般，以如是等等諸供養具足常為供養，這就是在身體、語言、心意上不斷地供養。

　　另外在供養中還有一種甚深供養，就是將我們的身、語、意如是供養，然後再將造就如是供養的自身也一併供養，將無量身、語、意供養十方三世無量諸佛，現前作種種變化，種種功德莊嚴，種種供養，如一切供養菩薩所行一般。將我們所具足的這一切全部供養給佛陀。如密教中的火供護摩則是一明顯的例子。

　　例如在日常生活中，我們見人為善，而生起隨喜之心亦是供養的一種；所有身、語、意業，都是增長他人歡喜，布施給他人善意，幫助他人增長功德，這些都是供養。

　　善男子！諸供養中，法供養最，所謂：如說修行供養、利益眾生供養、攝受眾生供養、代眾生苦供養、勤修善根供養、不捨菩薩業供養、不離菩提心供養。

　　在種種的供養中，法供養可以說是最殊勝的供養，經上所描述的法供養，大略有七種方法。

　　第一、如說修行供養。是要完全依照佛陀所宣說的、佛陀的修行方法，以及學佛的種種功德來修行。

　　第二、利益眾生供養。我們除了要懂得禮敬佛陀、稱讚佛陀、供養佛陀，增加自己的善根福德，來進行廣大救度眾

Samantabhadra

普賢菩薩

密法中「入我我入」的修法，是最真實的供養

生，讓眾生得到種種利益。所以，利益眾生也是法供養的一種。

第三、攝受眾生供養。無窮無盡的佛陀在各個世界的示現，都是因為悲憫眾生耽溺在苦惱當中而不自知，發大悲心救度、教化眾生。所以，攝受眾生也叫法供養。

第四、代眾生苦供養。由於無窮無盡的佛陀，大悲心深切，為了要拔除眾生的苦痛，所以示現到染汙的世界。現在如果我們也學習如同佛陀一般，發起代眾生受苦的心，也就符合了佛陀的心意，所以也叫法供養。

第五、勤修善根供養。勤加修持善根，讓善根日益增加，自己能夠利樂眾生，使得眾生受到利益、安樂。這也是切合佛陀的功德，所以也是法供養之一。

第六、不捨菩薩業供養。菩薩所修學的事業，都是為了利樂眾生的，能夠一心一意修持菩薩的事業，就是誠心誠意地利樂眾生。常常不放棄利樂眾生的事業，也就是切合佛心的，所以也叫法供養。

第七、不離菩提心供養。菩提心即是菩提，因此，如果可以時時不離菩提心，即能成就佛道。所以，不離菩提心也叫法供養。像這樣的七種供養，才算是法供養。

當然，當我們對人們說法也是法供養，比如我們安慰朋友也是一種供養；雖然他傷心是他的事，停止傷心也是他的事，但這樣的行為也就是布施中的一種——無畏施。布施可

Samantabhadra

普賢菩薩

普賢延命像

分為法施、財施、無畏施，以此為布施，即是供養。

而且明解能供的主體、所供的客體二者皆是空寂的，一切皆是如幻，如此才能從空華中生起佛事，從如幻的心中不斷生起供養之心。

如果無法具足如幻之心，就有一個「我」存在，有我在供養，或是我做這件事是為了「你」等等，有相對性、差別性產生，有一個能供的主體、所供的客體，及所供的東西，這樣分別的見解其實是根本的錯謬，要甚為警惕。

在密法中有「入我我入」的修法，這方法就是將真實的供養成為具體的修行方法，這方法是：我們觀想佛菩薩進入我們的身體、語言、心意，佛菩薩的身加持我們的身，如是我們的身就轉成佛菩薩的身；佛菩薩的清淨語加持我們的語，我們染污的語業就轉為佛菩薩清淨的語；佛菩薩的心加持我們，我們的心即是佛菩薩清淨的心。如此一來，我們的身、語、意全部供養給佛陀。如果我們的身、語、意全部清淨、隨順如來，這就是「無我」的境界，也就是真實的供養諸佛了。

善男子！如前供養無量功德比法供養一念功德，百分不及一，千分不及一，百千俱胝那由他分、迦羅分、算分、數分、諭分、優婆尼沙陀分亦不及一。

如前的供養雖然有無量的功德，但是比起法供養的一念功德，百供養不及一分法供養，千分供養不及一分法供養，

Samantabhadra

普賢菩薩

木造普賢延命像

百千俱胝、那由他分、迦羅分、算分、數分、喻分、優婆尼沙陀分的極大數目的供養，也不及一分的法供養功德。

Samantabhadra

普賢菩薩

■ **普賢菩薩的第四行願：懺悔業障**

　　憶念過去無始劫之來，由貪心、瞋念、愚癡所造作的身體、語言、心意無量惡業，現在以清淨的身、語、意三業，於一切諸佛菩薩前，誠心懺悔，恆常安住在清淨戒律中。

04 懺悔業障

> 復次善男子！言懺除業障者，菩薩自念：我於過去無始劫中，由貪、瞋、癡，發身、口、意，作諸惡業，無量無邊。若此惡業有體相者，盡虛空界，不能容受。我今悉以清淨三業，遍於法界極微塵剎一切諸佛菩薩眾前，誠心懺悔，後不復造，恆住淨戒一切功德。如是虛空界盡，眾生界盡，眾生業盡，眾生煩惱盡，我懺乃盡。而虛空界乃至眾生煩惱不可盡故，我此懺悔無有窮盡，念念相續，無有間斷，身、語、意業無有疲厭。

菩薩自念：我於過去無始劫中，由貪、瞋、癡，發身、口、意，作諸惡業，無量無邊。

菩薩自己思量憶念，從過去無窮無盡的時劫，一直到現在，由貪愛、瞋忿、愚癡引發我們的身體、語言、心意來造作種種無量無邊不可計算的惡業。

若此惡業有體相者，盡虛空界，不能容受。

像這樣無量無邊的惡業，好在沒有實質形相；若是有實質形相的，這實質形相的廣大，就是盡虛空界，也無法容受。

我今悉以清淨三業，遍於法界極微塵剎一切諸佛菩薩眾

Samantabhadra

普賢菩薩

懺悔業障：我們要不斷在十方三世諸佛之前懺悔一切惡業

前，誠心懺悔，後不復造，恆住淨戒一切功德。

　　我現在以清淨的身、口、意三業，周徧在法界極微塵剎的一切無窮無盡的佛菩薩面前，誠心懺悔，以後永遠不再造惡業，恆常安住在清淨戒律的一切功德上，那麼從前所累積的無窮無盡的惡業，都可以消滅了。既然一切惡業都消滅了，那麼一切的淨業功德自然都會漸漸地積聚起來，周徧法界。

　　在菩提道上，直到我們成佛之前，都要不斷地懺悔，在十方三世諸佛之前懺悔一切惡業。

　　真實的懺悔是以普賢行願來懺悔，如同《觀普賢菩薩行法經》中所言：「若欲懺悔者，端坐念實相。」在實相中念念相續，如此懺悔才能念念清淨，無有疲厭，而且能夠無有間斷。

Samantabhadra

普賢菩薩

■ 普賢菩薩第五行願：隨喜功德

於諸佛的一切善根，六趣四生的一切功德、一切聲聞辟支佛有學無

學的功德，一切菩薩的廣大功德，全部都隨喜。

05 隨喜功德

復次，善男子！言隨喜功德者，所有盡法界虛空界，十方三世一切佛刹，極微塵數諸佛如來，從初發心，爲一切智，勤修福聚，不惜身命，經不可說不可說佛刹極微塵數劫、一一劫中，捨不可說不可說佛刹極微塵數頭、目、手、足。如是一切難行苦行，圓滿種種波羅蜜門，證入種種菩薩智地，成就諸佛無上菩提，及般涅槃分布舍利，所有善根，我皆隨喜。及彼十方一切世界、六趣四生，一切種類，所有功德，乃至一塵，我皆隨喜。十方三世一切聲聞及辟支佛，有學、無學所有功德，我皆隨喜。一切菩薩所修無量難行苦行，志求無上正等菩提，廣大功德，我皆隨喜。如是虛空界盡，眾生界盡，眾生業盡，眾生煩惱盡，我此隨喜無有窮盡。念念相續，無有間斷，身、語、意業無有疲厭。

善男子，言隨喜功德者，所有盡法界、虛空界，十方三世一切佛刹極微塵數諸佛如來，從初發心，爲一切智，勤修福聚，不惜身命，經不可說不可說佛刹極微塵數劫，一一劫中，捨不可說不可說佛刹極微塵數頭目手足。

要修學隨喜的功德，從所有無量無邊的法界，無量無邊

Samantabhadra

普賢菩薩

■ 隨喜功德：首先隨喜諸佛的功德

思惟諸佛從初發心到成佛的過程中，種種不可思議的奮鬥，捨棄身體性命來積聚福德。

的虛空界，廣大到十方，長久到過去、未來、現在三世，一切的佛剎極微塵數的佛，從他們的初發心開始，為了要求得一切智，不間斷地勤修積聚福德。在這樣修行的時候，只曉得一心一意地向上修行，不惜犧牲身體性命，經過了不可說不可說佛剎極微塵數劫，在每一個時劫中，捨棄了不可說不可說佛剎極微塵數的頭、目、手、足。

如是一切難行苦行，圓滿種種波羅蜜門，證入種種菩薩智地，成就諸佛無上菩提，及般涅槃分布舍利，所有善根，我皆隨喜。

像這樣一切的難行苦行，就是為了要圓滿種種波羅蜜（布施、持戒、忍辱、精進、禪定、智慧），得證進入菩薩的種種智慧的地位，成就諸佛所成證的無上菩提，以及如同佛陀般涅槃後分散舍利的功德，所有種種的功德善根，我皆隨喜。

為了證得一切智，普賢菩薩勤修眾福，積聚一切資糧。

在隨喜功德中，首先隨喜諸佛的功德，思惟諸佛從初發心到成佛的過程中，種種不可思議的奮鬥，捨棄身體、性命來積聚眾福，行一切難行、苦行，來圓滿一切智慧，圓滿一切大悲，這些功德我們皆要隨喜，我們隨喜一切諸佛不可思議的成就功德。

讚歎是以音聲為之，隨喜則是了悟他人所行的一切而產生歡喜的心念，心中能隨順種種的因緣、妙喜，能感同身受

Samantabhadra

普賢菩薩

■ 隨喜

隨喜是了悟他人所行的一切，而產生歡喜的心念，感同身受的代他人歡喜。

代他人歡喜，這就是隨喜。

好比有人做某事做得很好，我們就直接地鼓勵、讚美。這其中也包含了讚歎，然而讚歎只是在隨喜中，特別著重於言語的表現的一項。即使我們只是心中稱讚他人，也是隨喜。

隨喜的人不會因為別人做得很好，好像搶了自己的風頭，而對他產生嫉妒之心；而是看到事情圓滿就歡喜了，這就是隨喜。藉由這樣的隨喜，我們還可以觀察到許多意想不到、不可思議的因緣。

除了隨喜諸佛功德之外，還要隨喜十方世界、六道四生，一切眾生所有功德，即使如一粒微塵般那麼小，我全部都隨喜的。就像移開路上的石頭使行人免除障礙，或扶起跌倒的孩子等微細的功德，只要有一念善心生起，我們皆隨喜。

十方三世一切聲聞，及辟支佛、有學、無學，所有功德，我皆隨喜；一切菩薩所修無量難行苦行，志求無上正等菩提，廣大功德，我皆隨喜。

而十方三世的一切聲聞、辟支佛從初修道起所積聚的極多功德，我皆隨喜，一切菩薩所修極難、極苦的道行，都是無窮無盡，凡是立志求證正等正覺的一切廣大功德，一切普賢行願我們亦皆隨喜。

如是虛空界盡，眾生界盡，眾生業盡，眾生煩惱盡，我

Samantabhadra

普賢菩薩

隨喜功德：只要眾生生起一念善念，我皆隨喜

此隨喜無有窮盡。念念相續無有間斷，身、語、意業無有疲厭。

接著是如何達到隨喜的現觀方法，就是讓我們安住在實相中，心安住於如幻境界中，現起蓮華藏世界海，十方三世一切諸佛從初發心到成佛的過程，我們心中皆清楚地現起，讚歎隨喜。

開始時，我們可能無法觀察得如此微細，但是心中卻可以發起「只要眾生生起一善念，我皆隨喜」的心，乃至二乘聖者所行，菩薩所行，我皆隨喜。

如此觀照，徹底證入海印三昧，徹底無我，學習與普賢菩薩一樣，遍於十方法界，遍一切眾生心行；一切眾生心行，我們皆現前了知，若一切眾生心生起一念善念，一切二乘聖者、菩薩所證福德、諸佛如來所有功德；其心生起善念、福德、智慧、大悲時，我們當下同念，等同隨喜。

因為無我的緣故，遍滿一切、遍及一切眾生、諸佛所行心行皆與我們相應，其心生起一念善時，我們就等同隨喜，覺照到了就隨喜了，這是最後的境界。如果我們無法立即達到這樣的境界，我們可以從這樣的思惟開始練習。

Samantabhadra

普賢菩薩

■ **普賢菩薩第六行願：請轉法論**

以身體、語言、心意種種方便，殷勤勸請諸佛轉動微妙不可思議法輪來救度眾生。

06 請轉法輪

> 　　復次，善男子！言請轉法輪者，所有盡法界、虛空界，十方三世一切佛剎極微塵中，一一各有不可說不可說佛剎極微塵數廣大佛剎，一一剎中，念念有不可說不可說佛剎極微塵數一切諸佛成等正覺，一切菩薩海會圍遶，而我悉以身、口、意業種種方便，慇懃勸請轉妙法輪。如是虛空界盡，眾生界盡，眾生業盡、眾生煩惱盡，我常勸請一切諸佛轉正法輪無有窮盡。念念相續，無有間斷，身、語、意業無有疲厭。

　　所有盡法界、虛空界，十方三世一切佛剎極微塵中，一一各有不可說不可說佛剎極微塵數廣大佛剎；一一剎中，念念有不可說不可說佛剎極微塵數一切諸佛成等正覺，一切菩薩海會圍繞；而我悉以身、口、意業，種種方便，殷勤勸請轉妙法輪。

　　這是描述蓮華藏世界海的境界。我們以清淨的身、口、意，以及普賢行願力加持的緣故，以身、口、意種種方便，種種方法，慇懃地祈請，向諸佛勸請，請其常轉微妙、不可思議法輪來救度眾生。

　　如是虛空界盡，眾生界盡，眾生業盡，眾生煩惱盡，我

Samantabhadra

普賢菩薩

請轉法輪：觀想十方三世諸佛成正等覺時，我們化身無量在其面前，
以身語意勸請諸佛轉動法輪

常勸請一切諸佛轉正法輪無有窮盡。念念相續，無有間斷，身、語、意業無有疲厭。

　　十方三世諸佛成就正等正覺時，我們觀想自身出現在其面前，自身示現遍於十方三世一切世界中，化現無量不可思議身，現前安立在一切諸佛面前，以身體、語言、心意種種方便來慇懃勸請一切諸佛，轉正法輪，救度眾生，使眾生成佛。

Samantabhadra

普賢菩薩

■ **普賢菩薩的第七行願：請佛住世**

　　對於一切佛剎將示現涅槃的諸佛、菩薩、聲聞、緣覺、有學無學，
乃至一切善知識，都勸請其住世不入於涅槃。

07 請佛住世

> 　　復次，善男子！言請佛住世者，所有盡法界虛空界，十方三世一切佛剎，極微塵數諸佛如來，將欲示現般涅槃者，及諸菩薩、聲聞、緣覺，有學、無學，乃至一切諸善知識，我悉勸請莫入涅槃。經於一切佛剎極微塵數劫，為欲利樂一切眾生，如是虛空界盡，眾生界盡，眾生業盡，眾生煩惱盡，我此勸請無有窮盡，念念相續無有間斷，身、語、意業無有疲厭。

　　所有盡法界、虛空界，十方三世一切佛剎極微塵數諸佛如來，將欲示現般涅槃者，及諸菩薩、聲聞、緣覺、有學、無學，乃至一切諸善知識，我悉勸請，莫入涅槃；經於一切佛剎極微塵數劫，為欲利樂一切眾生。

　　所有盡法界、虛空界，十方三世一切佛剎極微塵數的佛陀，將要示現涅槃相的時候，我要向這麼多的佛陀勸請他們常住在我們這個世界上，不要入於涅槃，就是許多菩薩、聲聞、緣覺、有學、無學，那怕是一般的善知識，我也要一齊勸請他們常住在我們的世界上，不要入於涅槃；一直到經過所有一切佛剎都變成極細微塵那麼多的時劫，以便能夠讓一切眾生得到離苦得樂的利益。

Samantabhadra

普賢菩薩

請佛住世：佛陀是依願力而存在，例如當釋尊將入涅槃時，好幾次提示阿難，
阿難並沒有請佛陀住世，釋尊便於娑羅樹林入於涅槃

　　當釋迦牟尼佛將入涅槃時，好幾次提示阿難，但是阿難並沒有請佛陀住世，那麼佛陀就沒有住世的因緣，他便於娑羅樹林入於涅槃了；但是換一個角度來看，如果菩薩觀察到眾生的需要，但是即使真的有需要，卻沒有人向他請法，同樣他還是無法說法的，因為如果沒人要聞法，就沒有說法的因緣。

　　所以請佛住世很重要，因為佛陀是依願力而存在，如果世間因緣與他不相應時，他就入於涅槃。

Samantabhadra

普賢菩薩

■ 普賢菩薩的第八行願：常隨佛學

娑婆世界的毗盧遮那如來，及一切佛剎的一切如來，從初發心即精進不退，以身命布施，乃至於樹下成大菩提，示現種種神通，化現各種佛身處於種種眾法會上，隨著眾生的樂欲而說法，乃至示現入涅槃，於此等悉皆隨學。

08 常隨佛學

　　復次，善男子！言常隨佛學者，如此娑婆世界毘盧遮那如來，從初發心精進不退，以不可說不可說身命而為布施。剝皮為紙，折骨為筆，刺血為墨，書寫經典，積如須彌。為重法故，不惜身命，何況王位、城邑聚落，宮殿園林，一切所有及餘種種難行苦行！乃至樹下成大菩提，示種種神通，起種種變化，現種種佛身，處種種眾會，或處一切諸大菩薩眾會道場，或處聲聞及辟支佛眾會道場，或處轉輪聖王、小王眷屬眾會道場，或處剎利及婆羅門、長者、居士眾會道場，乃至或處天龍八部、人非人等眾會道場。處於如是種種眾會，以圓滿音，如大雷震，隨其樂欲，成熟眾生，乃至示現入於涅槃，如是一切，我皆隨學。如今世尊毘盧遮那，如是盡法界虛空界，十方三世一切佛剎，所有塵中一切如來皆亦如是，於念念中，我皆隨學。如是虛空界盡，眾生界盡，眾生業盡，眾生煩惱盡，我此隨學無有窮盡，念念相續，無有間斷，身、語、意業無有疲厭。

　　如此娑婆世界毗盧遮那如來，從初發心，精進不退，以不可說不可說身命而為布施。剝皮為紙，折骨為筆，刺血為

Samantabhadra

普賢菩薩

常隨佛學：由於娑婆世界的因緣，我們隨學於本師釋迦牟尼佛（圖上）
若是生處於極樂世界，則以阿彌陀佛為本師來學習（圖下）

墨，書寫經典，積如須彌。為重法故，不惜身命，何況王位、城邑、聚落、宮殿、園林，一切所有。

像這娑婆世界的教主毗盧遮那佛，從他剛發起無上菩提心開始，勇猛精進沒有些許退墮的心；為救度教化眾生，以不可說不可說的龐大數量的身體性命來布施給眾生。有時以自己身上的皮剝下來當做紙用，以自己身上的骨頭來當做筆，刺自己身上的血來當做墨，以這種特別的筆墨紙來書寫各種的經典，所寫的經典堆積起來如須彌山那麼的高大。

這一切所為，他為的就是尊重佛法的緣故，所以能夠不惜犧牲自己的身體性命，又何況是身外之物呢？因此，王位當然可以放棄的，國王所有的城邑、聚落，國王所享受的王宮、金殿、花園、樹林，這一切的所有也都能捨棄。

及餘種種難行苦行，乃至樹下成大菩提，示種種神通，起種種變化，現種種佛身，處種種眾會；或處一切諸大菩薩眾會道場；或處聲聞及辟支佛眾會道場；或處轉輪聖王、小王、眷屬眾會道場；或處剎利及婆羅門、長者、居士眾會道場；乃至或處天龍八部、人、非人等眾會道場。處於如是種種眾會，以圓滿音，如大雷震，隨其樂欲，成熟眾生，乃至示現入於涅槃。

佛陀不但做了種種布施，還有各種難行、苦行的功德，乃至在菩提樹下成就大菩提，示現種種神通，生起種種變化，以及示現種種佛身、莊嚴的身相，身處於種種的法會道

Samantabhadra

普賢菩薩

常隨佛學：佛陀從出家修學，一直到成佛坐菩提道場，說法度眾生，
種種難行苦行，我皆跟隨學習

場中。

　　有時身處於諸大菩薩眾會的道場，或是聲聞及辟支佛眾會的道場；或身處於轉輪的聖王、小王、眷屬眾多法會道場；或身處於剎利及婆羅門、長者、居士眾會道場；或身處於天龍八部、人、非人等的許多法會道場。

　　身處於如是種種法會道場，以圓滿的音聲，像大雷震動一般，隨著聽法眾生的歡喜需求，為他們宣演講說，來使他們成熟。這樣毫不停歇地度眾，一直到示現入於涅槃佛法。

　　如是一切，我皆隨學；如今世尊毗盧遮那，如是盡法界、虛空界，十方三世一切佛剎所有微塵中一切如來，皆亦如是；於念念中，我皆隨學。

　　像上邊所說，佛陀從出家修學起，一直到成佛坐菩提道場、說法度眾生，種種的難行苦行，我皆跟隨學習，如同世尊毗盧遮那佛一般。

　　如是盡法界、虛空界、十方三世一切佛剎，都化成了微塵，所有在極微塵數裏頭的一切諸佛，我亦像跟隨了本師釋迦牟尼佛一般地修學；而且在每個念頭中，念念相續地隨學諸佛。

　　由於我們在娑婆世界的因緣，我們剛開始可以先隨學本師釋迦牟尼佛，也就是毗盧遮那如來。如果轉生於極樂世界，則以阿彌陀佛為本師來學習。

　　然而，我們跟這些佛陀隨學什麼呢？

Samantabhadra

普賢菩薩

常隨佛學：我們隨學普賢菩薩隨順一切佛陀，也隨順一
切諸佛大願，成就一切諸佛淨土

　　從佛陀的初發心開始的精進行，以不可說不可說的身命為布施，剝皮為紙，折骨為筆，刺血作墨來書寫經典等等，因為尊重法的緣故，不惜身命的一切精進之行。

　　乃至佛陀成就菩提，示現種種的神通變化，處於種種眾會道場救度眾生，乃至示現入於涅槃，這一切種種我們都要學習，如此常隨佛學，才是真正的學佛。

　　而且我們不只隨學毘盧遮那如來，並要觀想十方三世一切佛剎所有塵中一切如來皆亦如是，觀想自身遍十方三世一切世界，一切化身於十方三世中隨著一一如來學習，念念相續，無有間斷。

　　我們隨學普賢菩薩隨順一切佛陀，也隨順一切諸佛大願，成就一切諸佛淨土。

天龍八部又稱為部眾。即：天(梵名 deva)、龍(梵 nāga)、夜叉(梵 yaksa)、阿修羅(梵 asura)、迦樓羅(梵 garuḍa)、乾闥婆(梵 gandharva)、緊那羅(梵 kimnara)、摩睺羅迦(梵 mahoraga)。為守護佛法而有大力的諸神。八部眾中，以天、龍二眾為上首，所以標舉其名，統稱天龍八部。

Samantabhadra

普賢菩薩

■ 普賢菩薩第九行願：恆順眾生

隨順十方剎一切眾生的種種差別，饒益平等，以大悲心來隨順眾生的緣故，能夠成就供養如來。

09 恆順眾生

　　復次，善男子！言恆順眾生者，謂盡法界虛空界，十方剎海所有眾生，種種差別，所謂卵生、胎生、濕生、化生，或有依於地、水、火、風而生住者，或有依空及諸卉木而生住者，種種生類，種種色身，種種形狀，種種相貌，種種壽量，種種族類，種種名號，種種心性，種種知見，種種欲樂，種種意行，種種威儀，種種衣服，種種飲食，處於種種村營、聚落、城邑、宮殿，乃至一切天龍八部、人、非人等，無足、二足、四足、多足，有色、無色，有想、無想、非有想、非無想，如是等類，我皆於彼隨順而轉，種種承事，種種供養，如敬父母、如奉師長及阿羅漢，乃至如來，等無有異。

　　於諸病苦，為作良醫，於失道者，示其正路；於闇夜中，為作光明；於貧窮者，令得伏藏，菩薩如是平等饒益一切眾生。何以故？菩薩若能隨順眾生，為隨順供養諸佛；若於眾生尊重承事，則為尊重承事如來；若令眾生生歡喜者，則令一切如來歡喜。何以故？諸佛如來以大悲心而為體故，因於眾生而起大悲，因於大悲生菩

Samantabhadra

普賢菩薩

恆順眾生：先使眾生心生歡喜，讓他們得致能夠成證菩提的因緣

提心，因菩提心成等正覺。

譬如曠野沙磧之中有樹王，若根得水，枝葉華果悉皆繁茂。生死曠野，菩提樹王，亦復如是；一切眾生而為樹根，諸佛菩薩而為華果，以大悲心饒益眾生，則能成就諸佛菩薩智慧華果。何以故？若諸菩薩以大悲水饒益眾生，則能成就阿耨多羅三藐三菩提故。是故菩提屬於眾生，若無眾生，一切菩薩終不能成無上正覺。

善男子！汝於此義，應如是解，以於眾生心平等故，則能成就圓滿大悲；以大悲心隨眾生故，則能成就供養如來。菩薩如是隨順眾生，虛空界盡，眾生界盡，眾生業盡，眾生煩惱盡，我此隨順無有窮盡。念念相續無有間斷，身、語、意業無有疲厭。

前第一到第八大願是上求佛智，第九到十是下化眾生，上下兩個雙迴向。這是上與十方如來同一慈力，下與一切眾生同一悲仰。

謂盡法界、虛空界、十方剎海所有眾生，種種差別，所謂：卵生、胎生、濕生、化生；或有依於地、水、火、風而生住者，或有依空，及諸卉木而生住者；種種生類、種種色身、種種形狀、種種相貌、種種壽量、種種族類、種種名號、種種心性、種種知見、種種欲樂、種種意行、種種威儀、種種衣服、種種飲食；處於種種村營、聚落、城邑、宮

Samantabhadra

普賢菩薩

恆順眾生：承事供養眾生，宛如恭敬父母師長乃至如來，皆平等無有差異

殿，乃至一切天龍八部、人、非人等；無足、二足、四足、多足；有色、無色；有想、無想、非有想、非無想。

　　恆順眾生中所說的眾生，是盡法界、盡虛空界、盡十方剎海種種各不相同的眾生，都包含在裏頭。所有卵生的、胎生的、濕生的、化生的，或是依靠地生的，或是依靠水生的，或是依靠火生的，或是依靠風生的，還有依靠空生的，或是依靠各種木而生。各式各樣的色身，各種不同的形狀，種種不同的相貌，各種壽命，各種不同的種族羣，種種不同的心性，各式各樣的知見，種種不同的欲樂，種種各式的意行，種種不同的威儀，各類樣式的衣服，各種不同的飲食，像上邊所說的各種各類的眾生，都住在種種不同的鄉村、篷帳、聚落、城邑、宮殿裏頭；及至一切天龍八部、人、非人等，無足、二足、四足、多足，有色、無色，有想、無想、非有想、非無想，一切的眾生。

　　如是等類，我皆於彼隨順而轉。種種承事，種種供養，如敬父母，如奉師長及阿羅漢，乃至如來，等無有異。

　　恆順眾生，在十方三世一切剎海中，對種種生類、種種色相、種種形狀等不同因緣的眾生，十方一切眾生，我們皆隨順。隨順眾生是隨順眾生的佛性，而不是隨順眾生的習氣。先使他們的心生歡喜，讓他們得致能夠成證菩提的因緣，所以種種承事，種種供養，宛如恭敬父母、師長、阿羅漢，乃至如來，皆平等無有差異。

Samantabhadra

普賢菩薩

恆順眾生：如果能夠使眾生心生歡喜，就是令一切諸佛生起歡喜之心

　　於諸病苦，爲作良醫；於失道者，示其正路；於闇夜中，爲作光明；於貧窮者，令得伏藏；菩薩如是平等饒益一切眾生。

　　因爲眾生皆是我們多生多世的父母，有無限的恩德，所以要使他們都圓滿成佛，當他們有病苦時，就成爲他們的良醫；當他們迷失了正道，要幫助他們正道而行；在暗黑的夜晚，爲他們做光明；讓貧窮者得到埋藏的寶藏，生活具足；如此平等饒益眾生，使其不但於世間得到滿足，同時也要在出世間證得圓滿，成證圓滿菩提。

　　何以故？菩薩若能隨順眾生，則爲隨順供養諸佛；若於眾生尊重承事，則爲尊重承事如來；若令眾生生歡喜者，則令一切如來歡喜。

　　菩薩如果能夠隨順眾生，就是隨順供養諸佛；如果能夠尊重承事眾生，就是尊重承事諸佛；如果能夠使得眾生心生歡喜，就是令一切諸佛生起歡喜之心。

　　何以故？諸佛如來，以大悲心而爲體故；因於眾生而起大悲，因於大悲生菩提心，因菩提心成等正覺。

　　爲什麼諸佛如來以大悲心爲體，因爲諸佛如來，具足同體大悲，因爲悲憐無明眾生，而生起大悲心；又因爲如此深切廣大的大悲菩提心，而以此大悲菩提心成就正等正覺。

　　譬如曠野沙磧之中，有大樹王；若根得水，枝葉華果，悉皆繁茂。生死曠野，菩提樹王，亦復如是：一切眾生而爲

Samantabhadra

普賢菩薩

恆順眾生：以大悲心來饒益滋潤眾生，則眾生能成就如同佛菩薩一般的智慧佛果

樹根，諸佛菩薩而為華果；以大悲水饒益眾生，則能成就諸佛菩薩智慧華果。

譬如在荒野，沙泥石塊之中，有一棵大樹王，假若其根部能得到水的滋潤，其枝葉自然生長、開花、結果，一切自然繁榮茂盛。

一切眾生就如同菩提樹的根，而諸佛菩薩就如同菩提樹上開的華、結的果，只要以大悲心來饒益滋潤眾生，則眾生皆能成就如同佛菩薩一般的智慧華果。

何以故？若諸菩薩以大悲水饒益眾生，則能成就阿耨多羅三藐三菩提故。是故，菩提屬於眾生；若無眾生，一切菩薩終不能成無上正覺。

這就是為什麼諸佛菩薩用大悲水來利益眾生，不僅諸佛菩薩自己得到利益，而且這是諸佛菩薩能夠成就正等正覺的緣因。

所以，菩提是屬於眾生的。若是沒有眾生，佛菩薩的大悲水就沒有地方可以利用，也就無法積聚功德，終究不能成就無上正等正覺。

善男子！汝於此義，應如是解。以於眾生心平等故，則能成就圓滿大悲；以大悲心隨眾生故，則能成就供養如來。

對於這樣的意旨，應該如是體解。因為對待一切眾生的一律平等，沒有人我高下的分別，則能漸漸成就圓滿大悲心，因此，能夠以大悲心來隨順眾生，就是供養諸佛菩薩，

Samantabhadra

普賢菩薩

恆順眾生：是現觀一眾生成證如來，生起廣大歡喜心

所以隨順眾生，就是隨順諸佛菩薩。

　　所以隨順眾生是隨順眾生的佛性，而不是隨順他們的習氣。不是眾生需要什麼就給予他什麼，如此做只是最下層的需求而已，很明顯的例子是：若有眾生想殺人就讓他殺嗎？所以真正的隨順眾生，是我們一切所行只是為了使其成證佛果，不僅滿足他的世間生活，而且同時於世出世間得到圓滿。

　　每一位菩薩的方便不同，做法也有差別，但不變的是恆順眾生的覺性，而非貪、瞋、癡三毒，幫助眾生讓其順佛道而行。或許在初始的入手處有所不同，因為有的菩薩著重方便，有的著重智慧，如地藏菩薩就是從地獄道直接救度眾生，觀世音菩薩就比較隨順柔和一點，文殊菩薩對出世間的要求更廣大，所以對眾生的要求會嚴格一點，但這些都是恆順眾生。但是做得恰當與否，就牽涉到每個菩薩的智慧與修行，這是方便善巧的問題。

　　我們若能隨順一切眾生，就能隨順供養佛陀。因為我們隨順一切眾生，就是視一切眾生如佛陀，最後要使一切眾生成佛。如果尊重承事眾生，就是尊重承事如來，如果令一切眾生歡喜，則是令一切如來歡喜。

　　令一切眾生歡喜，不只是滿足其世間的欲望，讓他們歡喜而已，而是要讓一切眾生生起真實的法喜，那麼才能令一切如來真正歡喜。

Samantabhadra

普賢菩薩

恆順眾生：1.觀想我們的心入於十方三世一切眾生的心，
隨順眾生，供養承事，宛如供養如來一般

恆順眾生：2.現觀一切眾生成證如來，生起廣大歡喜

　　我們要有智慧判斷，如何是讓眾生得致眞實法喜，而不是爲了使他擁有世間的歡喜，結果卻增長其業障。眞實的隨順眾生是要隨順其覺性，增長其歡喜，對眾生生起最深的菩提心，如此才能成證佛果。所以，恆順眾生，就是生起圓滿大悲心，對一切眾生平等，隨順眾生就是供養如來。

　　練習修持時，我們可以如下方便思惟：觀想我們的心入於十方三世一切眾生的心，隨順眾生，供養承事，宛如供養如來一般，現觀一切眾生成證如來，生起廣大歡喜，這才是眞正的恆順眾生。

Samantabhadra

普賢菩薩

■ 普賢菩薩第十行願：普皆迴向

從禮敬諸佛到恆順眾生，這一切所有的功德，我們皆悉迴向給眾生。

10 普皆迴向

> 　　復次，善男子！言普皆迴向者，從初禮拜乃至隨順，所有功德皆悉迴向。盡法界虛空界，一切眾生，願令眾生常得安樂，無諸病苦。欲行惡法皆悉不成，所修善業皆速成就，關閉一切諸惡趣門，開示人天涅槃正路。若諸眾生，因其積集諸惡業故，所感一切極重苦果，我皆代受，令彼眾生悉得解脫，究竟成就無上菩提。菩薩如是所修迴向，虛空界盡，眾生界盡，眾生業盡，眾生煩惱盡，我此迴向無有窮盡。念念相續，無有間斷，身、語、意業無有疲厭。

　　在此段經文中，含攝了前一到九大願。其中願眾生「欲行惡法皆悉不成，所修善業皆速成就」，再次說明恆順眾生是恆順其佛性，關閉一切諸惡趣門，開示人天涅槃正路。如果諸眾生因作惡業招感苦果，我也能代受之，使眾生從苦中解脫，究竟成證無上菩提。

　　言普皆迴向者，從初禮拜，乃至隨順，所有功德，皆悉迴向。盡法界、虛空界，一切眾生。

　　在此所說的普皆迴向，就是把第一大願：禮敬諸佛，一直到第九願：恆順眾生，所有修學的大小種種功德，完全翻

Samantabhadra

普賢菩薩

普皆迴向：我們所行的一切功德，普皆迴向眾生成就無上菩提

轉迴歸到盡法界、虛空界所有的一切眾生身上去。

　　願令眾生常得安樂，無諸病苦；欲行惡法，皆悉不成；所修善業，皆速成就；關閉一切諸惡趣門，開示人天涅槃正路。若諸眾生，因其積集諸惡業故，所感一切極重苦果，我皆代受；令彼眾生，悉得解脫，究竟成就無上菩提。

　　祈願一切眾生，常常得到安樂，沒有種種病痛苦惱；眾生如果做了惡事，祈願他們所做都不成功；眾生如果是修習善業，則祈願他們迅速成就。關閉一切趨向惡道的門，開啟人、天、涅槃的正確大道。若是一切眾生，因為積聚許多惡業的緣故，感招一切極重的苦果報業，我都願意代替他們承受，使得一切眾生都能自在解脫，而成就究竟的無上菩提，使他們都成就佛道。

　　第十大願就是要將這所有的功德都迴向給眾生，使其消除一切惡性，而我們代受苦果。此迴向無有窮盡，無有間斷，一切功德迴向無上菩提，迴向眾生，這就是普賢十大願王。

　　具足這十大願，隨順趣入，就能成熟一切眾生，成證阿耨多羅三藐三菩提，則能成就圓滿普賢菩薩行願，這是最不可思議的普賢十大行願。

　　若是有人以深信之心受持、讀誦、書寫普賢大願，則迅速除滅五無間業等，行無障礙，受到諸佛菩薩的稱讚、人天的禮敬、眾生的供養、圓滿普賢所得的功德，成就微妙色

Samantabhadra

普賢菩薩

如果我們深信、誦持、書寫普賢十大願，能夠圓滿普賢所有功德

身，乃至命終往生極樂世界，見阿彌陀、文殊師利等，蒙授記等等。

Samantabhadra

普賢菩薩

修習六根懺悔法，能清淨我們六根的各種障礙

第六章　普賢六根懺悔法

　　所謂的「六根懺悔」，即是指在向諸佛菩薩禮拜並懺悔自己的罪過時，特別就眼、耳、鼻、舌、身、意六根，一一懺悔罪障。大乘經論中所說的懺悔，其特色有伴以禮拜以及其他各種行義，以懺悔並清淨自身的罪障。六根懺悔即其中之一種。

　　有關於六根懺悔的方法，其中最具代表性的即是依據《觀普賢菩薩行法經》的內容所觀想、修持，對六根所作的懺悔法。該經中說：

　　「普賢菩薩為於行者，說六根清淨懺悔之法，如是懺悔，一日至七日。以諸佛現前三昧力故，普賢菩薩說法莊嚴故，耳漸漸聞障外聲，眼漸漸見障外事，鼻漸漸聞障外香，廣說如妙法華經。」

　　當我們觀想修學普賢菩薩的「六根懺悔法」時，會產生一種很特殊的作用，這作用即是僅讓我們的眼、耳、鼻、舌、身、意六根得到懺悔，進而清淨身心的障礙，得證清涼、清淨的方法，此方法法源清淨，可以讓我們六根清淨，而且能夠成就普賢菩薩的殊勝上妙色身，最終證得普賢行果。

Samantabhadra

普賢菩薩

不斷誦持《普賢觀經》，可以得見普賢妙色

　　六根清淨的過程就像融煉黃金一般，黃金從金礦中融煉而成，煉成至柔的黃金，至爲柔軟時則能便於雕塑造形，這就如同此觀法，能使我們六根更加柔軟，不帶剛強而清淨。

　　本方法的功德，能夠幫助我們除掉一切的障礙，見到殊勝上妙的妙色，這是不可思議的妙色，是菩薩所見的妙色，不是一般的聲聞、緣覺，或是天眼之所能見。因爲二乘及一般的禪定中的人，或是天界的眾生，他們用天眼觀察，所能觀察到的是世間的妙相。

　　一位羅漢，或是一般的禪者、緣覺行者，他們證得四禪八定的境界，或是只有色界的初禪、二禪、三禪、四禪的境界時，也會感受到一些微妙的色相，但是由於其功德仍不具足圓滿，不能明白示現，所以不得見諸佛，不得見諸上乘菩薩。

　　一般而言，如果是菩薩行者，比如其修《般舟三昧經》，在初禪、二禪、三禪、四禪他都可能得證般舟三昧，乃至於種種菩薩三昧的時候，會現見一切諸佛現立在前。有時候現證四禪的境界，見到毛孔流佛，一切清淨色相，不可思議地現起。這是菩薩三昧的特徵，不是一般二乘行人乃至一般外道所能得見的。

　　但是在《普賢觀經》中記載，因普賢菩薩微妙加持力的緣故，行者可以不必經由入於三昧境界，但以誦持此經的緣故，不必證入甚深的三昧，但依此觀修方法的功德，能夠去

Samantabhadra

普賢菩薩

六根懺悔法：觀想虛空中現出乘著六牙白象的普賢菩薩

除諸多障礙，而親見上妙色相。只要不斷誦持，專心修習，心心念念相續，心性的次第不斷的相連，心中不離大乘的正確觀念，就能得見普賢妙色。

在這種狀況下，如果菩提心不斷的相應，能在第二十一天，得見普賢菩薩。此時得見普賢菩薩並不是得證真實的三昧，對一般人而言，這或許已經是三昧定境了，對於甚深三昧而言，這樣的境界只能算是前行。

如果是障礙比較重的人，在四十九天之後才能夠得見。障礙更重些的是一生得見，再重的二生得見，更重的三生可以得見，依於我們業報的不同，而在不同的時間得以見到普賢菩薩。

六根清淨之後，我們能夠見到微妙不可思議、法界藏身的普賢，這是六根清淨的成果，再加上普賢菩薩加持所顯現的境界。以下我們開始練習這微妙殊勝的六根懺悔法。

首先，我們可以選擇在佛堂或是清淨、安靜的屋室或場所，來修習普賢菩薩六根懺悔法。在供桌上，我們放置莊嚴的普賢菩薩法相，然後盡量以淨水、香山及豐盛的供品極力供養，發起菩提心禮敬佛、法、僧三寶。

我們清淨身心，穿著清潔，心中安祥平靜，並且將我們的身體、語言、心念都盡量收攝、淨化。然後安心皈命三寶，開始修習六根懺悔法。

Samantabhadra

普賢菩薩

1.發露過去眼根所造的諸多惡業　2.遍禮十方佛，向釋尊、大乘經典懺悔

3.五體投地禮拜　4.安住正念，以此實相因緣懺悔眼根

六根懺悔法：懺悔眼根的方法

1、觀想虛空的普賢菩薩

　　首先我們先建立一個觀念就是：放下一切念頭的對待、分別，慈心對於眾生都視其為自己的父母，並且深刻思惟體悟自心體性與諸佛無別，而一切眾生亦同，一切亦皆是圓滿的佛陀。建立這觀念之後，我們觀想虛空中現出普賢菩薩乘著六牙白象，身相非常的端嚴彷若金山一般，具足圓滿的三十二相，全身的毛孔都放射出無盡的光明。

2、「懺悔」的正確見地

　　一切業障都是緣起於無始以來的無明與執著、妄想、貪愛、忿怒、愚癡，而從身體、語言、心意、六根造作諸多惡業。其實業障的大海是很虛幻的，罪業就如同霜露、水泡、影子一般的幻化，了悟一切罪障其實是不可得的；而普賢菩薩的體性也是無生、無相本然的寂滅。

　　在這樣的正確觀念中，我們心體自空，端坐念實相就是究竟的懺悔。

3、懺悔眼根的方法

　　我們開始發露自己過去所造的諸惡業，至誠懺悔。回想自身在無量世中，以眼根的因緣，由於無明貪著諸色；以貪著諸色的緣故，貪愛諸塵；以貪愛色塵的緣故，受女人身，

Samantabhadra

普賢菩薩

1.懺悔耳根所造的諸多惡業

2.誦念大乘佛典，皈命諸佛普賢菩薩隨順普賢耳根懺悔

3.五體投地深深禮敬

4.安住正念，以此實相因緣清淨耳根

六根懺悔法：懺悔耳根的方法

世世生處，迷惑執著於諸色當中。

　　「色」壞了我們的眼根，讓我們成為貪愛的奴役，「色」使人經歷三界，所以我們現在以諸佛菩薩的智慧，光明的法水來洗滌，使我們的眼根清淨。

　　所以我們遍禮十方佛，向釋迦牟尼佛、大乘經典懺悔：「我今所懺眼根重罪，障蔽穢濁，盲無所見。願佛大慈，哀愍覆護；普賢菩薩乘大法船，普度一切；十方無量諸菩薩伴，唯願慈哀，聽我悔過：眼根不善惡業障法。」將這段經文複誦三遍，接著五體投地禮拜，正念大乘心而不會忘記捨棄，這是以實相的因緣清淨我們眼根的方法，這就是懺悔眼根的方法。

4、懺悔耳根的方法

　　我們在普賢菩薩前至心懺悔耳根所造成的諸多惡業，多劫的長久時間以來，我們的耳根隨逐著外在音聲而不能分離。當我們聽到美妙的音聲時，心便迷惑於這妙音；聞聽不好的音聲時，就生起百八種煩惱。

　　如此的耳根聽聞報得諸多的惡事，恆常聽聞著不好的音聲而隨攀諸多外緣，因為顛倒聽聞的緣故墮入於惡道，而身處邊地邪見之處，因而不能聽聞佛法，處處迷惑著無法稍暫停歇，疲勞我們的神識，而墮入三塗。十方的諸佛恆常宣說佛法，而我們的五濁惡耳卻有障礙而不能聽聞。

Samantabhadra

普賢菩薩

1.懺悔舌根所造的諸多惡業

2.誦念大乘經典，皈命諸佛普賢菩薩至誠懺悔舌根

3.五體投地深深禮敬

4.以實相的因緣，我們及眾生的舌根皆

六根懺悔法：懺悔舌根的方法

我現在才眞實覺悟，誦念大乘佛典，皈命於諸佛普賢尊，隨順普賢耳根懺悔，懺悔我們的耳根惡業障礙，發露過去所造的罪業不覆隱藏，如是誦念三次，然後五體投地深深禮敬，安住正念大乘而心不忘捨，清淨耳根所造的諸罪業，以此實相的因緣，我們及所有眾生的耳根清淨。以上是懺悔耳根的方法。

5、懺悔鼻根的方法

我們及法界一切眾生，至心的懺悔我們的鼻根，無量劫以來由於鼻根的因緣，因爲貪著各種香味的緣故，而產生迷惑執著，分別諸識貪染執著，墮落生死輪迴而受到痛苦的業報。

諸佛的功德香遍於法界，我們處於五濁惡世的鼻根有所障礙，而無法聞嗅。現在持大乘清淨微妙佛典，皈命諸佛普賢尊，懺悔我們的鼻根所造的惡業障礙，發露過去所造的罪業而不再隱藏。

然後我們皈命禮敬「南無釋迦牟尼佛！南無多寶佛塔！南無十方釋迦牟尼佛分身諸佛！」禮敬供養，安住正念大乘心而不忘捨，依於實相的因緣清淨諸罪業，由是我們及眾生鼻根懺悔清淨。

6、懺悔舌根的方法

Samantabhadra

普賢菩薩

1.懺悔身根久遠時間來所造的惡業

2.讀誦大乘經典，皈命於諸佛普賢尊，發露過去的罪業

3.五體投地深深禮敬

4.由於實相因緣，我們懺悔清淨身根

六根懺悔法：懺悔身根的方法

　　首先我們至心懺悔，無數劫以來舌根所造的諸多惡業，以舌根造成惡業相來傷害眾生，妄言、綺語與惡口或是兩舌、誹謗、妄語，讚歎邪見、說無益的話語，造作了諸多的惡業，搆鬥壞亂佛法、說非佛法之事，舌根所造的過患真是無邊無量；諸惡業的刺激而引發舌根出現許多惡業，斷除正法輪也都是從舌根引起，惡舌常常斷了我們功德的種子。

　　於非義中諸多強說，讚歎邪見火益薪，由於如是的惡業而墮於惡道，以說妄語的緣故而墮入地獄，百劫千劫沒有終結的時候，諸佛的法味遍於法界，而舌根罪垢而無法了斷。

　　現在誦念大乘經典諸佛秘藏，皈命於諸佛普賢尊，至誠懺悔舌根的惡業障礙，發露過去所造的諸罪障，五體投地深深禮敬，以實相的因緣清淨舌根所造的諸罪業，我們及眾生的舌根皆懺悔清淨。

7、懺悔身根的方法

　　我們至心懺悔身根於久遠時間以來，不善的身根貪愛執著於「觸」，顛倒不能了斷諸觸等，而引起煩惱熾然而造了許多身業，引起殺、盜、婬等三不善，與諸眾生結下大冤仇，造逆破戒甚至焚燒塔寺，用三寶之物而毫無羞恥，像這樣的罪行無邊無量。

　　從身業所造的諸多罪障真是無量無盡，如此的罪垢因緣於來世中，當墮入地獄而遭受猛火燒焚，產生無量億劫大苦

Samantabhadra

普賢菩薩

1.至心懺悔無始劫來意根所造的惡業　2.修行受持大乘佛法，皈命諸佛普賢尊

3.五體投地深深禮敬　　4.由於實相因緣，意根懺悔清淨

六根懺悔法：懺悔意根的方法

惱。

　　諸佛的清淨光明照耀我等，然而由於身根重罪的緣故而無覺知，貪愛執著惡觸而遭受眾多苦難，後來又遭受三塗的大苦惱，沉沒在其中卻不覺知。現在讀誦大乘真法藏，皈命於諸佛普賢尊，懺悔身根所造的惡業障難，發露過去所造的罪業而不再隱藏，如是皈命，五體投地深深禮敬三次，安住正念大乘佛法而心不忘捨，由於實相因緣而清淨諸多罪業，如是懺悔清淨我們的身根。

8、懺悔意根的方法

　　我們至心懺悔意根從無始以來，狂愚不了而執著諸法，隨著所歷緣的境界生起貪、瞋、痴，妄想邪念出生了業海，十惡五逆等一切罪業，猶如猿猴、如黐膠，處處貪愛執著生起雜染，遍至一切六根所生起的眼、耳、鼻、舌、身意等。六根枝條華葉，皆悉遍滿三界諸生處，增長無明、老、死等痛苦，由十二因緣而產生八邪、八難等。

　　由於無量的眾惡都是由意根所生起，是生死的根本，眾苦之根源。釋迦牟尼佛名為普明，其身遍一切處安住於常寂光中，諸法現前，在法爾清淨寂靜解脫，而我們卻在妄想分別中遭受諸多苦惱，已經置身在菩提中卻見不清淨，現前解脫中卻生起纏縛，現今才開始覺悟，生起慚愧之心，如是宣說修行受持大乘佛法，皈命諸佛、普賢尊，懺悔意根惡罪業

Samantabhadra

普賢菩薩

我們修學六根懺悔法，能夠清淨身心，甚至在念念之中得見普賢菩薩及十方佛

障，發露過去所造的罪業不覆隱藏，如是三次深深禮敬皈命，安住正念大乘心而不忘捨，由於實相因緣而清淨諸惡業，我們及眾生的意根清淨，及至六根諸惡業，過去、現在、未來三時究竟懺悔畢竟清淨，實相懺悔自然圓滿。

9、端坐念實相

　　以下是六根懺悔法的最後部分。六根都懺悔清淨之後，端坐念實相，十方諸佛各伸右手，摩行者的頭，依經典記載，十方諸佛說了以下的話：「善哉！善哉！善男子！汝誦讀大乘經故，十方諸佛說懺悔法菩薩所行，不斷結使，不住使海，觀心無心，從顛倒想起，如此想心，從妄想起，如空中風無依止處，如是法相不生不滅，何者是罪？何者是福？我心自空，罪福無主，一切法如是，無住無壞，如是懺悔，觀心無心，法不住法中，諸法解脫滅諦寂靜，如是想者，名：大懺悔，名：莊嚴懺悔，名：無罪相懺悔，名：破壞心識。行此懺悔者，身心清淨，不住法中；猶如流水，念念之中，得見普賢菩薩及十方佛。時，諸世尊以大悲光明，為於行者說無相法，行者聞說第一義空。行者聞已，心不驚怖，應時即入菩薩正位。」

　　本段經文是懺悔法門裡面最重要的一個見地。以下再依經文解說明白：

　　善男子啊！因為你誦持大乘經典的緣故，十方諸佛來宣

Samantabhadra

普賢菩薩

我們以「觀心無心」來修行，做為觀修普賢菩薩的方便

說，說懺悔法是菩薩所行，不斷除結使（煩惱），但心不住在結使的大海。大家可能會覺得奇怪，諸佛教導我們不斷結使，同時又不住在結使大海，這不是時矛盾嗎？其中最重要的是「觀心無心」。

如何「觀心無心」？我們觀察自心，會發現到自心原來是無心，是從顛倒妄想中生起。這從妄想顛倒生起的心，像空中的風，沒有依止之處，所以此法相就不生不滅。因此了悟到：什麼是罪？什麼是福？因為心自然空寂，斷以罪福無主。

一切的罪福無主，一切的法皆如是如是，所以說沒有安住，也沒有破壞，這樣真實懺悔，連觀察的心亦無心，法不住法中，諸法自然解脫，滅諦寂靜。

如此，就是實相懺悔，就是大懺悔，莊嚴懺悔，亦名：無罪相懺悔，又稱為破壞心識。

「行此懺者，身心清淨，不住法中；猶如流水，念念之中，得見普賢菩薩及十方佛」，我們在念念之中得見普賢菩薩及十方諸佛，就是念念之中已證入三昧了，這就是無相懺悔。

經典又記載，佛告阿難：「如是行者，名為懺悔。此懺悔者，十方諸佛諸大菩薩所懺悔法。」「佛滅度後，佛諸弟子，若有懺悔惡不善業，但當誦讀大乘經典。此方等經是諸佛眼，諸佛因是得具五眼，佛三種身從方等生，是大法印，

Samantabhadra

普賢菩薩

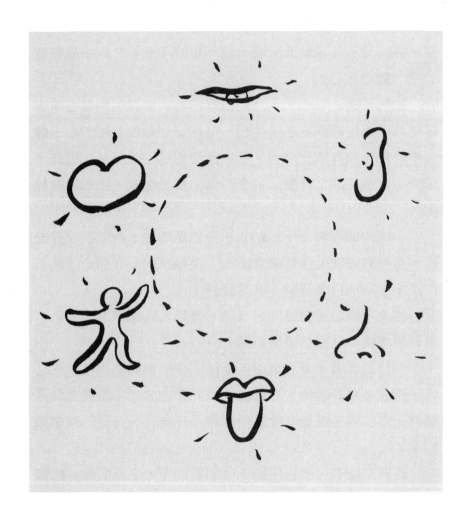

「端坐念實相」是六根懺悔法的主要核心

般涅槃海，如此海中，能生三種佛清淨身，此三種身，人天
福田應供中最。」

　　所以，真實誦讀此大方等經者，當知此人具足佛陀的功
德，諸惡永滅，從佛陀的智慧之中出生。對修持本經的行者
而言，這個就是見修行果的核心，就是本經的根本見地，前
面則是修行次等。我們以「觀心無心」來修行，即是依實相
而修，如此做為我們修觀普賢菩薩的方便，會使修法者迅速
得入殊勝的境位。

　　此外，經中記載了一些偈頌：「無量勝方便，從思實相
得」，無量的殊勝方便，皆是從思惟實相而獲得。「如此等
六法，名為六情根」，眼、耳、鼻、舌、身、意，此六法稱
為六情根。「一切業障海，皆從妄想生」，一切業障海都從
妄想生起。「若欲懺悔者，端坐念實相」。「眾罪如霜露，
慧日能消除，是故應至心，懺悔六情根。」這都是我們常聽
到實相懺悔的偈誦。而「端坐念實相」正是六根懺悔法的主
要核心。

　　「六根懺悔法」可以很迅速地清淨我們身心上的障礙，
並且使我們的眼、耳、鼻、舌、身、意六根，變得柔軟而猛
利，它可以清淨我們的業障塵惱，使現世的生活由煩惱、不
安、困惑、沌濁，開始轉化成吉祥、平靜、睿智、清明，最
終能得到究竟安樂的解脫佛果。

Samantabhadra

普賢菩薩

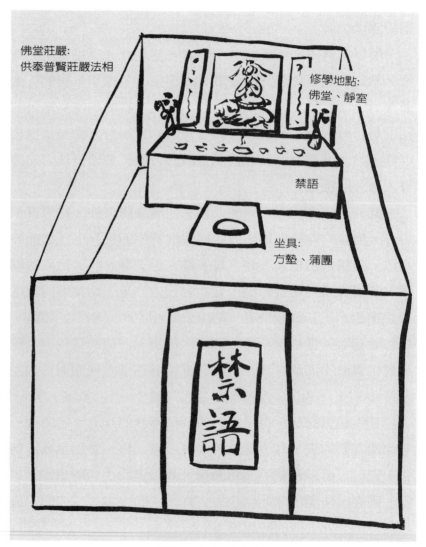

佛堂莊嚴:
供奉普賢莊嚴法相

修學地點:
佛堂、靜室

禁語

坐具:
方墊、蒲團

禁語

修學普賢一日禪法的準備

第七章 修學普賢的一日禪法

　　現代人常被緊張繁忙的生活，壓的喘不過氣來，所以我們常常利用週末假期到郊外散心、旅行，來舒解緩和自己的身心；或待在家中很悠閒的過著美妙的家居生活；或是其他的休閒活動。當您翻開此書，書中便提供您另類的休閒生活選擇，度過一個貼近普賢菩薩的假日。

　　我們修學普賢菩薩可以獲得種種世出世間功德；除了可以讓我們放鬆身心之外，還可以得致普賢菩薩的守護，獲得如同普賢菩薩的微妙身相，讓我們在工作中能如普賢菩薩一般的行動力……等等的利益。如果平常有誦持普賢菩薩的聖號或經典，這是再好不過了；如果能利用假日來專修，所獲得的功德利益更爲殊勝。

　　爲了方便讀者修持，以下特別設計一日的修學普賢菩薩計劃，讓讀者可以親身體驗一個「普賢的一天」。

準備事項

　　修學地點：修學普賢的一日禪法地點，我們可以選擇在家中或是風景怡人的度假中心；如家中有佛堂，則可選擇佛堂，若無則在一安靜的房間即可。

　　佛堂莊嚴：如家中有佛堂，又有供奉普賢菩薩，那就準

Samantabhadra

普賢菩薩

禪七作息表

日期 時間	11日 (六)	12日 (日)	13日 (一)	14日 (二)	15日 (三)	16日 (四)	17日 (五)	18日 (六)
04:00~05:00		打 板 （起 床 漱 洗）						
05:00~05:20		早 課						
05:20~06:20		第 1 枝 香						
06:30~06:50		早 齋						
06:50~07:20		出 坡						
07:30~08:30		第 2 枝 香						
08:40~09:40		第 3 枝 香						
09:50~10:50		第 4 枝 香						
11:00~12:00		第 5 枝 香						11:00 解七開示 12:00 午齋
12:00~12:30		午 齋						
12:30~13:20		小 止 靜 （午 休）						
13:30~14:30		第 6 枝 香						
14:40~15:40		第 7 枝 香						
15:50~16:50		第 8 枝 香						
17:00~18:00		第 9 枝 香						
18:00~18:30		藥 石						
18:30~19:20	報到	沐 浴						
19:30~20:30	20:00 集合	第 10 枝 香						
20:30~21:30	21:00 起香	禪 師 開 示						
21:40~22:30		第 11 支 香 及 晚 課						
22:30		大 止 靜						

◎本課表僅供參考，禪師將視學員用功的情況調整。

禪七的時間作息表

備供品極力供養即可；若無普賢菩薩聖像，則可供置一張莊嚴的普賢法相，極力供養；於靜室中，則在選一乾淨的桌子或櫃子，供置普賢聖像，燃點上好的香，極力供養。

時間：基本上，我們可以二個小時為一單位來修持，稍做休息後再繼續，可自行調整，左頁附上「禪七」的作息表以供參考。

坐具：如果方便，以蒲團及方墊來做修持的坐具，因為良好的坐具，會助益我們久坐不會疲勞，當然也要注意保持良好的坐姿。（坐姿可參考阿含文化《坐禪之道》、《輕鬆學靜坐》等書）

禁語：所謂的「禁語」，是指在某段時間內，為了修習上收攝身心的方便，盡量地保持沉默禁語。禁語也是我們學習「禪七」時的規則，在修持時保持禁語，讓自己專心於修持方法上。如果在家修持，則請家人配合。

修持方法

修學普賢菩薩的方法，我們可選擇：持誦聖號、真言，觀想普賢菩薩的身相，普賢十大願修持法、普賢六根懺悔法等，或是讀誦、書寫普賢的經典。

我們修持時，最好選擇一個法門專修。我們開始正式修持前，我們先清淨身心，穿著乾淨的衣服，來到佛堂前，先恭敬皈命禮敬三寶，發起無上菩提心，然後我們坐在佛堂前，觀看著普賢菩薩的聖像，觀想普賢菩薩的光明照耀著我

Samantabhadra

普賢菩薩

普賢一日禪法：練習清晨醒來的第一個念頭即為普賢菩薩

們，然後正式開始修持方法。

在修習普賢菩薩的一日禪法時，特別注意下列的修法原則：

1、試著練習清晨醒來時的第一個念頭即爲普賢菩薩，練習時如果無法做到，做一下自我檢討，並試著學習讓自己每一個念頭，念念相續憶念普賢菩薩。

2、從自心中深切生起對普賢菩薩的無上信心，不只心心憶念普賢菩薩，更深信普賢菩薩的大悲心切，他護念於我等的心比我們憶念他的更爲廣大，普賢菩薩心心念念都念護著我們，並決定攝受我們成證普賢菩薩。

3、我們練習在行、住、坐、臥、動作及語言時，都能相續不斷的憶念普賢菩薩。對於生活中所面對的一切事情，都能以普賢菩薩的心念來善觀一切，面對無法解決的事情時，心中可以想著普賢菩薩遇此事時會如何解決。

4、在日常生活中，我們爲了提醒自己修習普賢菩薩，可隨身攜帶普賢菩薩、普賢淨土的佛卡，在日常生活中，如果遭遇無法處理的事情時，可以觀想思惟：在普賢世界中此事當如何處理？普賢菩薩會如何處理這種情形？卡片背後並寫下與普賢菩薩的相關經句或是修行偈誦，幫助我們日常恆修普賢菩薩。

5、恆常書寫、供養、布施、諦聽、閱讀、受持、廣說、諷誦、思惟、修習普賢菩薩相關經典。

Samantabhadra

普賢菩薩

普賢一日禪法：如遇無法處理的事情時，可以思惟普賢菩薩遇此事會如何處理

6.將自己的一切所行，會歸於普賢菩薩的廣大悲願，如普賢菩薩發起菩提勝願，所行功德一心圓滿迴向普賢菩薩的大行大願。

7.在睡覺之前做一個自我反省，檢討白天的修行，自己是否深信普賢菩薩？是否每一個念頭都憶念著普賢菩薩？是否能了悟體性現空如幻？是否能安住普賢行願、與普賢菩薩體性本然不二？

8.睡前一念檢點念佛心是否忘失？是否決心成證普賢行願？決志夢中安住普賢行願？

9.甚至在睡夢中，都練習著自然憶念普賢菩薩，將夢中的一切都轉為普賢菩薩淨土的聖境。

10.練習讓自己的一切行為，都依止著普賢菩薩的大勝行，圓滿普賢菩薩的行願。

修證普賢一日禪的檢測表

此表除了專修普賢一日禪外，亦可自行於生活中時時檢證，有實踐者可打「○」，若無實踐者可打「×」。

（　）清晨覺醒，第一個念頭是否即為普賢菩薩？

（　）檢點自己，是否有決定成證普賢行願的決心？

（　）是否能當下一念安住普賢體性？

（　）生起對普賢菩薩的無上信心，不只心心憶念，更能深信其大悲心切，護念於我，念念念我，並決定攝受吾

Samantabhadra

普賢菩薩

普賢一日禪：睡夢中，練習自然憶念著普賢菩薩

等現住其體性淨土？

（　）能了知法界現前性空如幻，普賢菩薩與其體性皆同住
　　　於法界體性光明之中否？

（　）在普賢菩薩相應相攝，現前加持下，我們能現觀安住
　　　在普賢體性中否？

（　）能了知娑婆世界一切眾生，及相處的家人、親友、同
　　　事，在體性中與普賢體性淨土聖眾不一不異否？

（　）能由如幻的現觀中，使我們所生活的世界成為宛如普
　　　賢淨土否？

（　）能現觀我們週遭的一切眾生成為淨土賢聖眾否？

（　）是否在行、住、坐、臥動作及語言時，都能相續不斷
　　　憶念普賢菩薩？

（　）面對色、聲、香、味、觸、法六種塵境，是否都能現
　　　觀為普賢體性的空色、法音、妙香、勝味、淨觸、正
　　　法？

（　）面對六塵而生起的見、聞、嗅、味、身觸、意念等六
　　　種覺受，是否能生起宛如普賢菩薩的微妙清淨覺受？

（　）身心能恆常安住於普賢體性之中，並將一切所行功德
　　　資糧迴向於普賢行願否？

日常生活中，如果遇事需思惟處理時，是否觀想思惟：

（　）在普賢體性中此事當如何處理？

（　）普賢菩薩會如何處理這種情形？

Samantabhadra

普賢菩薩

佛說觀普賢菩薩行法經

如是我聞一時佛在毗舍離國大林精舍重
閣講堂告諸比丘却後三月我當般涅槃尊
者阿難即從座起偏袒衣服叉手合掌遶佛三
帀為佛作礼胡跪合掌諦觀如來目不暫時

普賢一日禪：恆常修學普賢經典

（　）恆常當書寫、供養、布施、諦聽、閱讀、受持、廣
　　　說、諷誦、思惟、修習普賢菩薩的相關經典否？

（　）除個人相續修持之外，是否常與大眾共同修持？

（　）是否將一切所行會歸普賢菩薩的廣大悲願，如其發起
　　　菩提勝願，所行功德一心圓滿迴向其大願？

睡覺之前應當檢點自己：

（　）是否深信普賢菩薩？

（　）是否決定修持普賢行願？

（　）是否念念憶起普賢菩薩？

（　）睡前一念檢點憶念普賢之心是否忘失？

（　）修證普賢行願，是否決志夢中安住普賢行願？

（　）夢中能現生普賢體性否？

（　）夢中能自然憶念普賢菩薩否？

Samantabhadra

普賢菩薩

第八章　普賢菩薩的重要經典

　　由經典中來親近普賢，走入普賢菩薩的經典是再好不過了，我們將有關普賢菩薩的重要經典臚列於後。

大方廣佛華嚴經　　　　　　　　　　　　**唐　實叉難陀譯**

　　　　卷七　　　普賢三昧品

　　　　卷四十　　十定品之一

　　　　卷四十一　十定品之二

　　　　卷四十二　十定品之三

　　　　卷四十三　十定品之四

　　　　卷四十九　普賢行品

　　　　卷八十　　入法界品

大方廣佛華嚴經　　　　　　　　　　　　　**唐　般若譯**

　　　　卷四十　入不思議解脫境界普賢行願品

普賢菩薩行願讚　　　　　　　　　　　　**唐　不空譯**

文殊師利發願經　　　　　　　　　　**東晉佛陀跋陀羅譯**

大方廣普賢所說經　　　　　　　　　　**唐　實叉難陀譯**

三曼陀跋陀羅菩薩經　　　　　　　　　**西晉　聶道眞譯**

　　　　五蓋品第一

　　　　悔過品第二

Samantabhadra

普賢菩薩

願樂品第三

請勸品第四

譬福品第五

妙法蓮華經　卷七　普賢菩薩勸發品　　姚秦　鳩摩羅什譯

佛說觀普賢菩薩行法經　　　　　　劉宋　曇無蜜多譯

佛說普賢菩薩陀羅尼經　　　　　　　宋　法天譯

（以上經文，可參閱本社出版的《普賢菩薩經典》一書）

01 普賢菩薩行願讚

開府儀同三司特進試鴻臚卿肅國公食邑三千戶賜紫贈司空諡大鑑正號
大廣智大興善寺三藏沙門不空奉　　詔譯

　　所有十方世界中，一切三世人師子，
　　我今禮彼盡無餘，皆以清淨身口意。
　　身如剎土微塵數，一切如來我悉禮，
　　皆以心意對諸佛，以此普賢行願力。
　　於一塵端如塵佛，諸佛佛子坐其中，
　　如是法界盡無餘，我信諸佛悉充滿。
　　於彼無盡功德海，以諸音聲功德海，
　　闡揚如來功德時，我常讚歎諸善逝。
　　以勝花鬘及塗香，及以伎樂勝傘蓋，
　　一切嚴具皆殊勝，我悉供養諸如來。
　　以勝衣服及諸香，末香積聚如須彌，
　　殊勝燈明及燒香，我悉供養諸如來。
　　所有無上廣大供，我悉勝解諸如來，
　　以普賢行勝解力，我禮供養諸如來。
　　我曾所作眾罪業，皆由貪欲瞋恚癡，
　　由身口意亦如是，我皆陳說於一切。
　　所有十方群生福，有學無學辟支佛，

Samantabhadra

普賢菩薩

及諸佛子諸如來，我皆隨喜咸一切。

所有十方世間燈，以證菩提得無染，

我皆勸請諸世尊，轉於無上妙法輪。

所有欲現涅槃者，我皆於彼合掌請，

唯願久住剎塵劫，爲諸群生利安樂。

禮拜供養及陳罪，隨喜功德及勸請，

我所積集諸功德，悉皆迴向於菩提。

於諸如來我修學，圓滿普賢行願時，

願我供養過去佛，所有現住十方世。

所有未來速願成，意願圓滿證菩提，

所有十方諸剎土，願皆廣大咸清淨。

諸佛咸詣覺樹王，諸佛子等皆充滿，

所有十方諸眾生，願皆安樂無眾患。

一切群生獲法利，願得隨順如意心，

我當菩提修行時，於諸趣中憶宿命。

若諸生中爲生滅，我皆常當爲出家，

戒行無垢恒清淨，常行無缺無孔隙。

天語龍語夜叉語，鳩槃茶語及人語，

所有一切群生語，皆以諸音而說法。

妙波羅蜜常加行，不於菩提心生迷，

所有眾罪及障礙，悉皆滅盡無有餘。

於業煩惱及魔境，世間道中得解脫，

猶如蓮華不著水，亦如日月不著空。

諸惡趣苦願寂靜，一切群生令安樂，

於諸群生行利益，乃至十方諸剎土。

常行隨順諸眾生，菩提妙行令圓滿，

普賢行願我修習，我於未來劫修行。

所有共我同行者，共彼常得咸聚會，

於身口業及意業，同一行願而修習。

所有善友益我者，爲我示現普賢行，

共彼常得而聚會，於彼皆得無厭心。

常得面見諸如來，與諸佛子共圍繞，

於彼皆興廣供養，皆於未來劫無倦。

常持諸佛微妙法，皆令光顯菩提行，

咸皆清淨普賢行，皆於未來劫修行。

於諸有中流轉時，福德智慧得無盡，

般若方便定解脱，獲得無盡功德藏。

如一塵端如塵剎，彼中佛剎不思議，

佛及佛子坐其中，常見菩提勝妙行。

如是無量一切方，於一毛端三世量，

佛海及與剎土海，我入修行諸劫海。

於一音聲功德海，一切如來清淨聲，

一切群生意樂音，常皆得入佛辯才。

於彼無盡音聲中，一切三世諸如來，

Samantabhadra

普賢菩薩

當轉理趣妙輪時，以我慧力普能入。

以一剎那諸未來，我入未來一切劫，

三世所有無量劫，剎那能入俱胝劫。

所有三世人師子，以一剎那我咸見，

於彼境界常得入，如幻解脫行威力。

所有三世妙嚴剎，能現出生一塵端，

如是無盡諸方所，能入諸佛嚴剎土。

所有未來世間燈，彼皆覺悟轉法輪，

示現涅槃究竟寂，我皆往詣於世尊。

以神足力普迅疾，以乘威力普遍門，

以行威力等功德，以慈威力普遍行。

以福威力普端嚴，以智威力無著行，

般若方便等持力，菩提威力皆積集。

皆於業力而清淨，我今摧滅煩惱力，

悉能降伏魔羅力，圓滿普賢一切力。

普令清淨剎土海，普能解脫眾生海，

悉能觀察諸法海，及以德源於智海。

普令行海咸清淨，又令願海咸圓滿，

諸佛海會咸供養，普賢行劫無疲倦。

所有三世諸如來，菩提行願眾差別，

願我圓滿悉無餘，以普賢行悟菩提。

諸佛如來有長子，彼名號曰普賢尊，

皆以彼慧同妙行，迴向一切諸善根。

身口意業願清淨，諸行清淨剎土淨，

如彼智慧普賢名，願我於今盡同彼。

普賢行願普端嚴，我行曼殊室利行，

於諸未來劫無倦，一切圓滿作無餘。

所修勝行無能量，所有功德不可量，

無量修行而住已，盡知一切彼神通。

乃至虛空得究竟，眾生無餘究竟然，

及業煩惱乃至盡，乃至我願亦皆盡。

若有十方無邊剎，以寶莊嚴施諸佛，

天妙人民勝安樂，如剎微塵劫捨施。

若人於此勝願王，一聞能生勝解心，

於勝菩提求渴仰，獲得殊勝前福聚。

彼得遠離諸惡趣，彼皆遠離諸惡友，

速疾得見無量壽，唯憶普賢勝行願。

得大利益勝壽命，善來為此人生命，

如彼普賢大菩薩，彼人不久當獲得。

所作罪業五無間，由無智慧而所作，

彼誦普賢行願時，速疾消滅得無餘。

智慧容色及相好，族姓品類得成就，

於魔外道得難摧，常於三界得供養。

速疾往詣菩提樹，到彼坐已利有情，

Samantabhadra

普賢菩薩

覺悟菩提轉法輪，摧伏魔羅并營從。
若有持此普賢願，讀誦受持及演說，
如來具知得果報，得勝菩提勿生疑。
如妙吉祥勇猛智，亦如普賢如是智，
我當習學於彼時，一切善根悉迴向。
一切三世諸如來，以此迴向殊勝願，
我皆一切諸善根，悉已迴向普賢行。
當於臨終捨壽時，一切業障皆得轉，
親覲得見無量光，速往彼剎極樂界。
得到於彼此勝願，悉皆現前得具足，
我當圓滿皆無餘，眾生利益於世間。
於彼佛會甚端嚴，生於殊勝蓮花中，
於彼獲得受記莂，親對無量光如來。
於彼獲得受記已，變化俱胝無量種，
廣作有情諸利樂，十方世界以慧力。
若人誦持普賢願，所有善根而積集，
以一剎那得如願，以此群生獲勝願。
我獲得此普賢行，殊勝無量福德聚，
所有群生溺惡習，皆往無量光佛宮。

八大菩薩讚　出八大菩薩曼荼羅經末

圓寂宮城門，能摧戶扇者，
諸佛法受用，救世我頂禮。

自手流清水，能除餓鬼渴，
三界如意樹，頂禮蓮花手。
大慈水爲心，能息瞋恚火，
頂禮慈氏尊，能斷欲弓弦。
虛空藏妙慧，虛空寂靜尊，
生死流解脫，頂禮佛心子。
無邊有情惑，能息無益心，
普賢我頂禮，善逝上首子。
塵勞盡僮僕，超勝魔羅軍，
頂禮金剛手，能說一切明。
頂禮妙吉祥，持妙童子形，
舒遍智慧燈，攘奪三界明。
一切除蓋障，是故我頂禮，
無盡智慧尊，能生無竭辯。
如地諸有情，所依一不斷，
堅慧悲愍藏，地藏我頂禮。
此眞善逝子，讚揚所獲福，
以此諸有情，如彼成讚器。

普賢菩薩行願讚

速疾滿普賢行願陀羅尼曰：

曩麼悉底哩也四合地尾二合迦引一　怛佗引蘖哆南二　唵引三
阿引戌嚩囉尾擬儞娑嚩二合引訶引四

Samantabhadra

普賢菩薩

　　　每日誦普賢菩薩行願讚後，即誦此眞言。纔誦一遍，普賢行願悉皆圓滿，修三摩地人速得三昧現前，福德智慧二種莊嚴，獲堅固法速疾成就。

02《華嚴經》〈入不思議解脫境界普賢行願品〉
罽賓國三藏般若奉　詔譯

　　爾時，普賢菩薩摩訶薩稱歎如來勝功德已，告諸菩薩及善財言：「善男子！如來功德，假使十方一切諸佛，經不可說不可說佛剎極微塵數劫，相續演說，不可窮盡。若欲成就此功德門，應修十種廣大行願。何等為十？一者、禮敬諸佛，二者、稱讚如來，三者、廣修供養，四者、懺悔業障，五者、隨喜功德，六者、請轉法輪，七者、請佛住世，八者、常隨佛學，九者、恒順眾生，十者、普皆迴向。」

　　善財白言：「大聖！云何禮敬，乃至迴向？」

　　普賢菩薩告善財言：「善男子！言禮敬諸佛者，所有盡法界虛空界，十方三世一切佛剎極微塵數諸佛世尊，我以普賢行願力故，起深信解，如對目前，悉以清淨身語意業，常修禮敬。一一佛所，皆現不可說不可說佛剎極微塵數身。一一身，遍禮不可說不可說佛剎極微塵數佛。虛空界盡，我禮乃盡，而虛空界不可盡故，我此禮敬無有窮盡。如是乃至眾生界盡，眾生業盡，眾生煩惱盡，我禮乃盡，而眾生界乃至煩惱無有盡故，我此禮敬無有窮盡。念念相續，無有間斷，身、語、意業無有疲厭。

　　「復次，善男子！言稱讚如來者，所有盡法界虛空界，

233

Samantabhadra

普賢菩薩

十方三世一切剎土，所有極微一一塵中，皆有一切世界極微塵數佛。一一佛所，皆有菩薩海會圍遶。我當悉以甚深勝解現前知見，各以出過辯才天女微妙舌根，一一舌根，出無盡音聲海；一一音聲，出一切言辭海，稱揚讚歎一切如來諸功德海，窮未來際，相續不斷，盡於法界，無不周遍。如是虛空界盡，眾生界盡，眾生業盡，眾生煩惱盡，我讚乃盡，而虛空界乃至煩惱無有盡故，我此讚歎無有窮盡。念念相續，無有間斷，身、語、意業無有疲厭。

「復次，善男子！言廣修供養者，所有盡法界虛空界，十方三世一切佛剎極微塵中，一一各有一切世界極微塵數佛，一一佛所，種種菩薩海會圍遶。我以普賢行願力故，起深信解現前知見，悉以上妙諸供養具而為供養。所謂：華雲、鬘雲、天音樂雲、天傘蓋雲、天衣服雲，天種種香、塗香、燒香、末香如是等雲，一一量如須彌山王；然種種燈，酥燈、油燈、諸香油燈，一一燈炷如須彌山，一一燈油如大海水；以如是等諸供養具，常為供養。

「善男子！諸供養中，法供養最！所謂：如說修行供養，利益眾生供養，攝受眾生供養，代眾生苦供養，勤修善根供養，不捨菩薩業供養，不離菩提心供養。

「善男子！如前供養無量功德，比法供養一念功德，百分不及一，千分不及一，百千俱胝那由他分、迦羅分、算分、數分、諭分、優婆尼沙陀分，亦不及一。何以故？以諸

234

如來尊重法故，以如說修行，出生諸佛故。若諸菩薩行法供養，則得成就供養如來，如是修行，是眞供養故。此廣大最勝供養，虛空界盡，眾生界盡，眾生業盡，眾生煩惱盡，我供乃盡，而虛空界乃至煩惱不可盡故，我此供養亦無有盡。念念相續，無有間斷，身、語、意業無有疲厭。

「復次，善男子！言懺除業障者，菩薩自念，我於過去無始劫中，由貪瞋癡，發身口意，作諸惡業，無量無邊。若此惡業有體相者，盡虛空界不能容受。我今悉以清淨三業，遍於法界極微塵剎一切諸佛菩薩眾前，誠心懺悔，後不復造，恒住淨戒一切功德。如是虛空界盡，眾生界盡，眾生業盡，眾生煩惱盡，我懺乃盡，而虛空界乃至眾生煩惱不可盡故，我此懺悔無有窮盡。念念相續，無有間斷，身、語、意業無有疲厭。

「復次，善男子！言隨喜功德者，所有盡法界虛空界，十方三世一切佛剎，極微塵數諸佛如來，從初發心，為一切智，勤修福聚，不惜身命，經不可說不可說佛剎極微塵數劫，一一劫中，捨不可說不可說佛剎極微塵數頭目手足；如是一切難行苦行，圓滿種種波羅蜜門，證入種種菩薩智地，成就諸佛無上菩提，及般涅槃，分布舍利，所有善根，我皆隨喜。及彼十方一切世界六趣四生一切種類，所有功德，乃至一塵，我皆隨喜。十方三世一切聲聞及辟支佛，有學、無學所有功德，我皆隨喜。一切菩薩所修無量難行苦行，志求

無上正等菩提，廣大功德，我皆隨喜。如是虛空界盡，眾生界盡，眾生業盡，眾生煩惱盡，我此隨喜無有窮盡。念念相續，無有間斷，身、語、意業無有疲厭。

「復次，善男子！言請轉法輪者，所有盡法界虛空界，十方三世一切佛剎極微塵中，一一各有不可說不可說佛剎極微塵數廣大佛剎。一一剎中，念念有不可說不可說佛剎極微塵數一切諸佛成等正覺，一切菩薩海會圍遶，而我悉以身、口、意業種種方便，慇懃勸請轉妙法輪。如是虛空界盡，眾生界盡，眾生業盡，眾生煩惱盡，我常勸請一切諸佛轉正法輪，無有窮盡。念念相續，無有間斷，身、語、意業無有疲厭。

「復次，善男子！言請佛住世者，所有盡法界虛空界，十方三世一切佛剎，極微塵數諸佛如來，將欲示現般涅槃者，及諸菩薩、聲聞、緣覺，有學、無學，乃至一切諸善知識，我悉勸請莫入涅槃。經於一切佛剎極微塵數劫，為欲利樂一切眾生。如是虛空界盡，眾生界盡，眾生業盡，眾生煩惱盡，我此勸請無有窮盡。念念相續，無有間斷，身、語、意業無有疲厭。

「復次，善男子！言常隨佛學者，如此娑婆世界毗盧遮那如來，從初發心，精進不退，以不可說不可說身命而為布施。剝皮為紙，折骨為筆，刺血為墨，書寫經典，積如須彌。為重法故，不惜身命，何況王位、城邑、聚落、宮殿園

林、一切所有及餘種種難行苦行！乃至樹下成大菩提，示種種神通，起種種變化，現種種佛身，處種種眾會，或處一切諸大菩薩眾會道場，或處聲聞及辟支佛眾會道場，或處轉輪聖王、小王眷屬眾會道場，或處刹利及婆羅門、長者、居士眾會道場，乃至或處天龍八部、人非人等眾會道場。處於如是種種眾會，以圓滿音，如大雷震，隨其樂欲，成熟眾生，乃至示現入於涅槃，如是一切，我皆隨學。如今世尊毗盧遮那，如是盡法界虛空界，十方三世一切佛刹，所有塵中一切如來皆亦如是，於念念中，我皆隨學。如是虛空界盡，眾生界盡，眾生業盡，眾生煩惱盡，我此隨學無有窮盡。念念相續，無有間斷，身、語、意業無有疲厭。

「復次！善男子！言恒順眾生者，謂盡法界虛空界，十方刹海所有眾生，種種差別，所謂卵生、胎生、濕生、化生，或有依於地、水、火、風而生住者，或有依空及諸卉木而生住者，種種生類，種種色身，種種形狀，種種相貌，種種壽量，種種族類，種種名號，種種心性，種種知見，種種欲樂，種種意行，種種威儀，種種衣服，種種飲食，處於種種村營、聚落、城邑、宮殿，乃至一切天龍八部、人非人等，無足、二足、四足、多足，有色、無色，有想、無想，非有想、非無想，如是等類，我皆於彼隨順而轉，種種承事，種種供養，如敬父母，如奉師長及阿羅漢，乃至如來，等無有異。於諸病苦，為作良醫；於失道者，示其正路；於

闇夜中，為作光明；於貧窮者，令得伏藏，菩薩如是平等饒益一切眾生。何以故？菩薩若能隨順眾生，則為隨順供養諸佛；若於眾生尊重承事，則為尊重承事如來；若令眾生生歡喜者，則令一切如來歡喜。何以故？諸佛如來以大悲心而為體故，因於眾生而起大悲，因於大悲生菩提心，因菩提心成等正覺。譬如曠野沙磧之中，有大樹王，若根得水，枝葉華果悉皆繁茂。生死曠野，菩提樹王，亦復如是；一切眾生而為樹根，諸佛、菩薩而為華果，以大悲水饒益眾生，則能成就諸佛、菩薩智慧華果。何以故？若諸菩薩以大悲水饒益眾生，則能成就阿耨多羅三藐三菩提故。是故菩提屬於眾生，若無眾生，一切菩薩終不能成無上正覺。

「善男子！汝於此義，應如是解，以於眾生心平等故，則能成就圓滿大悲；以大悲心隨眾生故，則能成就供養如來。菩薩如是隨順眾生，虛空界盡，眾生界盡，眾生業盡，眾生煩惱盡，我此隨順無有窮盡。念念相續，無有間斷，身、語、意業無有疲厭。

「復次，善男子！言普皆迴向者，從初禮拜乃至隨順，所有功德，皆悉迴向盡法界虛空界一切眾生。願令眾生常得安樂，無諸病苦；欲行惡法，皆悉不成；所修善業，皆速成就；關閉一切諸惡趣門，開示人天涅槃正路。若諸眾生，因其積集諸惡業故，所感一切極重苦果，我皆代受，令彼眾生悉得解脫，究竟成就無上菩提。菩薩如是所修迴向，虛空界

盡，眾生界盡，眾生業盡，眾生煩惱盡，我此迴向無有窮盡。念念相續，無有間斷，身、語、意業無有疲厭。

「善男子！是爲菩薩摩訶薩十種大願具足圓滿。若諸菩薩於此大願隨順趣入，則能成熟一切眾生，則能隨順阿耨多羅三藐三菩提，則能成滿普賢菩薩諸行願海。是故，善男子！汝於此義，應如是知。若有善男子、善女人，以滿十方無量無邊不可說不可說佛剎極微塵數一切世界上妙七寶、及諸人天最勝安樂，布施爾所一切世界所有眾生，供養爾所一切世界諸佛菩薩，經爾所佛剎極微塵數劫，相續不斷，所得功德；若復有人聞此願王，一經於耳，所有功德，比前功德，百分不及一，千分不及一，乃至優波尼沙陀分亦不及一。或復有人，以深信心，於此大願，受持、讀誦乃至書寫一四句偈，速能除滅五無間業，所有世間身心等病種種苦惱，乃至佛剎極微塵數一切惡業，皆得銷除。一切魔軍、夜叉、羅刹，若鳩槃茶、若毗舍闍、若部多等飲血噉肉諸惡鬼神，皆悉遠離，或時發心親近守護。

「是故，若人誦此願者，行於世間，無有障礙，如空中月出於雲翳。諸佛菩薩之所稱讚，一切人天皆應禮敬，一切眾生悉應供養。此善男子善得人身，圓滿普賢所有功德，不久當如普賢菩薩，速得成就微妙色身，具三十二大丈夫相。若生人天，所在之處，常居勝族，悉能破壞一切惡趣，悉能遠離一切惡友，悉能制伏一切外道，悉能解脫一切煩惱，如

師子王摧伏群獸，堪受一切眾生供養。

「又復是人臨命終時，最後刹那，一切諸根，悉皆散壞；一切親屬，悉皆捨離；一切威勢，悉皆退失；輔相大臣、宮城內外、象馬車乘、珍寶伏藏，如是一切無復相隨，唯此願王不相捨離，於一切時，引導其前。一刹那中，即得往生極樂世界，到已，即見阿彌陀佛，文殊師利菩薩、普賢菩薩、觀自在菩薩、彌勒菩薩，此諸菩薩，色相端嚴，功德具足，所共圍遶。其人自見生蓮華中，蒙佛授記。得授記已，經於無數百千萬億那由他劫，普於十方不可說不可說世界，以智慧力，隨眾生心而爲利益。不久當坐菩提道場，降伏魔軍，成等正覺，轉妙法輪，能令佛刹極微塵數世界眾生發菩提心，隨其根性，教化成熟，乃至盡於未來劫海，廣能利益一切眾生。

「善男子！彼諸眾生，若聞若信此大願王，受持、讀誦、廣爲人說，所有功德，除佛世尊，餘無知者。是故，汝等聞此願王，莫生疑念，應當諦受，受已能讀，讀已能誦，誦已能持，乃至書寫、廣爲人說。是諸人等，於一念中，所有行願，皆得成就。所獲福聚，無量無邊。能於煩惱大苦海中，拔濟眾生，令其出離，皆得往生阿彌陀佛極樂世界。」

爾時，普賢菩薩摩訶薩欲重宣此義，普觀十方而說偈言：

所有十方世界中，三世一切人師子，

我以清淨身語意，一切遍禮盡無餘。

普賢行願威神力，普現一切如來前，

一身復現剎塵身，一一遍禮剎塵佛。

於一塵中塵數佛，各處菩薩眾會中，

無盡法界塵亦然，深信諸佛皆充滿。

各以一切音聲海，普出無盡妙言辭，

盡於未來一切劫，讚佛甚深功德海。

以諸最勝妙華鬘，妓樂塗香及傘蓋，

如是最勝莊嚴具，我以供養諸如來。

最勝衣服最勝者，末香燒香與燈燭，

一一皆如妙高聚，我悉供養諸如來。

我以廣大勝解心，深信一切三世佛，

悉以普賢行願力，普遍供養諸如來。

我昔所造諸惡業，皆由無始貪恚癡，

從身語意之所生，一切我今皆懺悔。

十方一切諸眾生，二乘有學及無學，

一切如來與菩薩，所有功德皆隨喜。

十方所有世間燈，最初成就菩提者，

我今一切皆勸請，轉於無上妙法輪。

諸佛若欲示涅槃，我悉至誠而勸請，

唯願久住剎塵劫，利樂一切諸眾生。

所有禮讚供養福，請佛住世轉法輪，

Samantabhadra

普賢菩薩

隨喜懺悔諸善根，迴向眾生及佛道。
我隨一切如來學，修習普賢圓滿行，
供養過去諸如來，及與現在十方佛。
未來一切天人師，一切意樂皆圓滿，
我願普隨三世學，速得成就大菩提。
所有十方一切剎，廣大清淨妙莊嚴，
眾會圍遶諸如來，悉在菩提樹王下。
十方所有諸眾生，願離憂患常安樂，
獲得甚深正法利，滅除煩惱盡無餘。
我為菩提修行時，一切趣中成宿命，
常得出家修淨戒，無垢無破無穿漏。
天龍夜叉鳩槃茶，乃至人與非人等，
所有一切眾生語，悉以諸音而說法。
勤修清淨波羅蜜，恒不忘失菩提心，
滅除障垢無有餘，一切妙行皆成就。
於諸惑業及魔境，世間道中得解脫，
猶如蓮華不著水，亦如日月不住空。
悉除一切惡道苦，等與一切群生樂，
如是經於剎塵劫，十方利益恒無盡。
我常隨順諸眾生，盡於未來一切劫，
恒修普賢廣大行，圓滿無上大菩提。
所有與我同行者，於一切處同集會，

身口意業皆同等，一切行願同修學。

所有益我善知識，爲我顯示普賢行，
常願與我同集會，於我常生歡喜心。

願常面見諸如來，及諸佛子眾圍遶，
於彼皆興廣大供，盡未來劫無疲厭。

願持諸佛微妙法，光顯一切菩提行，
究竟清淨普賢道，盡未來劫常修習。

我於一切諸有中，所修福智恒無盡，
定慧方便及解脫，獲諸無盡功德藏。

一塵中有塵數刹，一一刹有難思佛，
一一佛處眾會中，我見恒演菩提行。

普盡十方諸刹海，一一毛端三世海，
佛海及與國土海，我遍修行經劫海。

一切如來語清淨，一言具眾音聲海，
隨諸眾生意樂音，一一流佛辯才海。

三世一切諸如來，於彼無盡語言海，
恒轉理趣妙法輪，我深智力普能入。

我能深入於未來，盡一切劫爲一念，
三世所有一切劫，爲一念際我皆入。

我於一念見三世，所有一切人師子，
亦常入佛境界中，如幻解脫及威力。

於一毛端極微中，出現三世莊嚴刹，

Samantabhadra

普賢菩薩

十方塵剎諸毛端，我皆深入而嚴淨。
所有未來照世燈，成道轉法悟群有，
究竟佛事示涅槃，我皆往詣而親近。
速疾周遍神通力，普門遍入大乘力，
智行普修功德力，威神普覆大慈力。
遍淨莊嚴勝福力，無著無依智慧力，
定慧方便諸威力，普能積集菩提力。
清淨一切善業力，摧滅一切煩惱力，
降伏一切諸魔力，圓滿普賢諸行力。
普能嚴淨諸剎海，解脫一切眾生海，
善能分別諸法海，能甚深入智慧海。
普能清淨諸行海，圓滿一切諸願海，
親近供養諸佛海，修行無倦經劫海。
三世一切諸如來，最勝菩提諸行願，
我皆供養圓滿修，以普賢行悟菩提。
一切如來有長子，彼名號曰普賢尊，
我今迴向諸善根，願諸智行悉同彼。
願身口意恒清淨，諸行剎土亦復然，
如是智慧號普賢，願我與彼皆同等。
我爲遍淨普賢行，文殊師利諸大願，
滿彼事業盡無餘，未來際劫恒無倦。
我所修行無有量，獲得無量諸功德，

安住無量諸行中，了達一切神通力。

文殊師利勇猛智，普賢慧行亦復然，

我今迴向諸善根，隨彼一切常修學。

三世諸佛所稱歎，如是最勝諸大願，

我今迴向諸善根，爲得普賢殊勝行。

願我臨欲命終時，盡除一切諸障礙，

面見彼佛阿彌陀，即得往生安樂剎。

我既往生彼國已，現前成就此大願，

一切圓滿盡無餘，利樂一切眾生界。

彼佛眾會咸清淨，我時於勝蓮華生，

親覩如來無量光，現前授我菩提記。

蒙彼如來授記已，化身無數百俱胝，

智力廣大遍十方，普利一切眾生界。

乃至虛空世界盡，眾生及業煩惱盡，

如是一切無盡時，我願究竟恒無盡。

十方所有無邊剎，莊嚴眾寶供如來，

最勝安樂施天人，經一切剎微塵劫。

若人於此勝願王，一經於耳能生信，

求勝菩提心渴仰，獲勝功德過於彼。

即常遠離惡知識，永離一切諸惡道，

速見如來無量光，具此普賢最勝願。

此人善得勝壽命，此人善來人中生，

此人不久當成就，如彼普賢菩薩行。

往昔由無智慧力，所造極惡五無間，

誦此普賢大願王，一念速疾皆銷滅。

族姓種類及容色，相好智慧咸圓滿，

諸魔外道不能摧，堪爲三界所應供。

速詣菩提大樹王，坐已降伏諸魔眾，

成等正覺轉法輪，普利一切諸含識。

若人於此普賢願，讀誦受持及演說，

果報唯佛能證知，決定獲勝菩提道。

若人誦此普賢願，我說少分之善根，

一念一切悉皆圓，成就眾生清淨願。

我此普賢殊勝行，無邊勝福皆迴向，

普願沈溺諸眾生，速往無量光佛刹。

爾時，普賢菩薩摩訶薩於如來前，說此普賢廣大願王清淨偈已，善財童子踊躍無量，一切菩薩皆大歡喜。

如來讚言：「善哉！善哉！」

爾時，世尊與諸聖者菩薩摩訶薩演說如是不可思議解脫境界勝法門時，文殊師利菩薩而爲上首，諸大菩薩及所成熟六千比丘；彌勒菩薩而爲上首，賢劫一切諸大菩薩；無垢普賢菩薩而爲上首，一生補處住灌頂位諸大菩薩，及餘十方種種世界普來集會一切刹海極微塵數諸菩薩摩訶薩眾；大智舍利弗、摩訶目犍連等而爲上首，諸大聲聞，并諸人天一切世

主，天、龍、夜叉、乾闥婆、阿脩羅、迦樓羅、緊那羅、摩睺羅伽、人非人等，一切大眾聞佛所說，皆大歡喜，信受奉行。

大方廣佛華嚴經卷第四十

03 《佛說觀普賢菩薩行法經》

宋元嘉年曇無蜜多於楊州譯

如是我聞：一時，佛在毘舍離國大林精舍重閣講堂，告諸比丘：「卻後三月，我當般涅槃。」

尊者阿難即從座起，整衣服，叉手合掌，遶佛三匝為佛作禮，胡跪合掌，諦觀如來，目不暫捨。長老摩訶迦葉、彌勒菩薩摩訶薩亦從座起，合掌作禮，瞻仰尊顏。時，三大士異口同音而白佛言：「世尊！如來滅後，云何眾生起菩薩心，修行大乘方等經典，正念思惟一實境界？云何不失無上菩提之心？云何復當不斷煩惱、不離五欲，得淨諸根，滅除諸罪；父母所生清淨常眼，不斷五欲而能得見諸障外事？」

佛告阿難：「諦聽！諦聽！善思念之。如來昔在耆闍崛山及餘住處，已廣分別一實之道；今於此處為未來世諸眾生等，欲行大乘無上法者，欲學普賢行普賢行者，我今當說其憶念法。若見普賢及不見者，除卻罪數，今為汝等當廣分別。

「阿難！普賢菩薩乃生東方淨妙國土，其國土相，法華經中已廣分別，我今於此略而解說。阿難！若比丘、比丘尼、優婆塞、優婆夷、天龍八部一切眾生，誦大乘經者，修大乘者，發大乘意者，樂見普賢菩薩色身者，樂見多寶塔

者，樂見釋迦牟尼佛及分身諸佛者，樂得六根清淨者，當學是觀。此觀功德除諸障礙，見上妙色，不入三昧，但誦持故，專心修習，心心相次，不離大乘，一日至三七日，得見普賢。有重障者，七七日盡，然後得見；復有重者，一生得見；復有重者，二生得見；復有重者，三生得見；如是種種，業報不同，是故異說。

「普賢菩薩身量無邊，音聲無邊，色像無邊，欲來此國，入自在神通，促身令小，閻浮提人三障重故，以智慧力化乘白象。其象六牙，七支跓地，其七支下生七蓮華。象色鮮白，白中上者，頗梨雪山不得爲比。象身長四百五十由旬，高四百由旬。於六牙端有六浴池，一一浴池中生十四蓮華，與池正等。其華開敷如天樹王，一一華上有一玉女，顏色紅輝有過天女，手中自然化五箜篌，一一箜篌有五百樂器以爲眷屬，有五百飛鳥、鳧、鴈、鴛鴦皆眾寶色，生花葉間。象鼻有華，其莖譬如赤眞珠色，其華金色，含而未敷。

「見是事已，復更懺悔，至心諦觀，思惟大乘，心不休廢。見華即敷金色、金光，其蓮華臺是甄叔迦寶，妙梵摩尼以爲華鬘，金剛寶珠以爲華鬚。見有化佛坐蓮華臺，眾多菩薩坐蓮華鬚，化佛眉間亦出金光，入象鼻中，從象鼻出；入象眼中，從象眼出；入象耳中，從象耳出；照象頂上，化作金臺。其象頭上有三化人，一捉金輪，一持摩尼珠，一執金剛杵。舉杵擬象，象即能行，腳不履地，躡虛而遊，離地七

尺，地有印文，於印文中，千輻轂輞皆悉具足，一一輞間生一大蓮華，此蓮華上生一化象，亦有七支，隨大象行，舉足下足，生七千象以爲眷屬。

　　隨從大象，象鼻紅蓮華色，上有化佛放眉間光，其光金色如前，入象鼻中；於象鼻中出，入象眼中；從象眼出，還入象耳；從象耳出，至象頸上，漸漸上至象背，化成金鞍，七寶校具，於鞍四面有七寶柱，眾寶校飾以成寶臺。臺中有一七寶蓮華，其蓮華鬚百寶共成，其蓮華臺是大摩尼，有一菩薩結加趺坐，名曰：普賢，身白玉色五十種光，光五十種色以爲項光，身諸毛孔流出金光，其金光端無量化佛，諸化菩薩以爲眷屬，安庠徐步，兩大寶華，至行者前，其象開口，於象牙上，諸池玉女鼓樂絃歌，其聲微妙，讚歎大乘一實之道。

　　「行者見已，歡喜敬禮，復更誦讀甚深經典，遍禮十方無量諸佛，禮多寶佛塔及釋迦牟尼，並禮普賢諸大菩薩，發是誓言：『若我宿福應見普賢，願尊遍吉，示我色身。』作是願已，晝夜六時禮十方佛，行懺悔法，誦大乘經，讀大乘經，思大乘義，念大乘事，恭敬供養持大乘者，視一切人猶如佛想，於諸眾生如父母想。

　　「作是念已，普賢菩薩即於眉間放大人相白毫光明，此光現時，普賢菩薩身相端嚴，如紫金山，端正微妙，三十二相皆悉備有，身諸毛孔放大光明，照其大象，令作金色，一

切化象亦作金色，諸化菩薩亦作金色，其金色光照于東方無量世界，皆同金色，南西北方，四維上下，亦復如是。

「爾時，十方面一一方有一菩薩乘六牙白象王，亦如普賢等無有異。如是十方無量無邊滿中化象，普賢菩薩神通力故，令持經者皆悉得見。是時，行者見諸菩薩，身心歡喜，爲其作禮，白言：『大慈大悲者，愍念我故，爲我說法。』說是語時，諸菩薩等異口同音，各說清淨大乘經法，作諸偈頌讚歎行者，是名始觀普賢菩薩最初境界。

「爾時，行者見是事已，心念大乘，晝夜不捨，於睡眠中，夢見普賢爲其說法，如覺無異，安慰其心而作是言：『汝所誦持，忘失是句，忘失是偈。』爾時，行者聞普賢菩薩所說，深解義趣，憶持不忘，日日如是，其心漸利。普賢菩薩教其憶念十方諸佛，隨普賢教，正心正意，漸以心眼見東方佛，身黃金色，端嚴微妙。見一佛已，復見一佛，如是漸漸，遍見東方一切諸佛，心想利故，遍見十方一切諸佛。見諸佛已，心生歡喜而作是言：『因大乘故，得見大士；因大士力故，得見諸佛。雖見諸佛，猶未了了，閉目則見，開目則失。』作是語已，五體投地，遍禮十方佛。禮諸佛已，胡跪合掌而作是言：『諸佛世尊！十力、無畏、十八不共、大慈大悲、三念處，常在世間色中上色，我有何罪而不得見？』說是語已，復更懺悔。懺悔清淨已，普賢菩薩復更現前，行住坐臥不離其側，乃至夢中，常爲說法；此人覺已，

得法喜樂。如是晝夜，經三七日，然後方得旋陀羅尼。得陀
羅尼故，諸佛菩薩所說妙法，憶持不失，亦常夢見過去七
佛，唯釋迦牟尼佛為其說法，是諸世尊各各稱讚大乘經典。

「爾時，行者復更懺悔，遍禮十方佛；禮十方佛已，普
賢菩薩住其人前，教說宿世一切業緣，發露黑惡一切罪事，
向諸世尊口自發露。既發露已，尋時即得諸佛現前三昧；得
三昧已，見東方阿閦佛及妙喜國，了了分明；如是十方，各
見諸佛上妙國土，了了分明。既見十方佛已，夢象頭上有一
金剛人，以金剛杵遍擬六根；擬六根已，普賢菩薩為於行
者，說六根清淨懺悔之法。如是懺悔，一日至七日，以諸佛
現前三昧力故，普賢菩薩說法莊嚴故，耳漸漸聞障外聲，眼
漸漸見障外事，鼻漸漸聞障外香。

「廣說如妙法華經，得是六根清淨已，身心歡喜，無諸
惡相，心純是法，與法相應，復更得百千萬億旋陀羅尼，復
更廣見百千萬億無量諸佛。是諸世尊各伸右手摩行者頭，而
作是言：『善哉！善哉！行大乘者、發大莊嚴心者、念大乘
者，我等昔日發菩提心時，皆亦如汝慇懃不失。我等先世行
大乘故，今成清淨正遍知身，汝今亦當勤修不懈。此大乘
典，諸佛寶藏，十方三世諸佛眼目，出生三世諸如來種。持
此經者，即持佛身，即行佛事，當知是人即是諸佛所使，諸
佛世尊衣之所覆，諸佛如來真實法子。汝行大乘，不斷法
種，汝今諦觀東方諸佛。』

「說是語時，行者即見東方一切無量世界，地平如掌，無諸堆阜、丘陵、荊棘，琉璃為地，黃金間厠，十方世界亦復如是。見是地已，即見寶樹，寶樹高妙五千由旬，其樹常出黃金、白銀、七寶莊嚴，樹下自然有寶師子座；其師子座高二十由旬，座上亦出百寶光明。如是諸樹及餘寶座，一一寶座皆有自然五百白象，象上皆有普賢菩薩。

「爾時，行者禮諸普賢而作是言：『我有何罪，但見寶地寶座及與寶樹，不見諸佛？』作是語已，一一座上有一世尊，端嚴微妙而坐寶座。見諸佛已，心大歡喜，復更誦習大乘經典。大乘力故，空中有聲而讚歎言：『善哉！善哉！善男子！汝行大乘功德因緣，能見諸佛，今雖得見諸佛世尊，而不能見釋迦牟佛分身諸佛及多寶佛塔。』聞空中聲已，復勤誦習大乘經典，以誦大乘方等經故，即於夢中見釋迦牟尼佛與諸大眾在耆闍崛山，說法華經演一實義。覺已懺悔，渴仰欲見，合掌胡跪向耆闍崛山而作是言：『如來世雄常在世間，愍念我故，為我現身。』

「作是語已，見耆闍崛山七寶莊嚴，無數比丘聲聞大眾，寶樹行列，寶地平正，復鋪妙寶師子之座。釋迦牟尼佛放眉間光，其光遍照十方世界，復過十方無量世界。此光至處，十方分身釋迦牟尼佛一時雲集，廣說如妙法華經。一一分身佛身紫金色，身量無邊，坐師子座，百億無量諸大菩薩以為眷屬，一一菩薩行同普賢，如此十方無量諸佛菩薩眷屬

Samantabhadra

普賢菩薩

亦復如是。大眾集已，見釋迦牟尼佛舉身毛孔放金色光，一一光中有百億化佛；諸分身放眉間白毫大人相光，其光流入釋迦牟佛頂。見此相時，分身諸佛一切毛孔出金色光，一一光中，復有恒河沙微塵數化佛。

「爾時，普賢菩薩復放眉間大人相光入行者心，既入心已，行者自憶過去無數百千佛所受持、讀誦大乘經典，自見故身，了了分明，如宿命通，等無有異，豁然大悟，得旋陀羅尼，百千萬億諸陀羅尼門。從三昧起，面見一切分身諸佛，眾寶樹下坐師子座，復見琉璃地，妙蓮華叢從下方空中踊出，一一華間，有微塵數菩薩結加趺坐。亦見普賢分身菩薩，在彼眾中讚歎大乘。

「時，諸菩薩異口同音，教於行者清淨六根。或有說言：『汝當念佛！』或有說言：『汝當念法！』或有說言：『汝當念僧！』或有說言：『汝當念戒！』或有說言：『汝當念施！』或有說言：『汝當念天！』

「如此六法，是菩提心，生菩薩法，汝今應當於諸佛前發露先罪，至誠懺悔。於無量世，眼根因緣，貪著諸色，以著色故，貪愛諸塵；以愛塵故，受女人身，世世生處，惑著諸色。色壞汝眼，為恩愛奴，色使使汝經歷三界，為此弊使，盲無所見，今誦大乘方等經典，此經中說：十方諸佛色身不滅，汝今得見審實爾不？眼根不善，傷害汝多，隨順我語，歸向諸佛釋迦牟尼說：『汝眼根所有罪咎；諸佛菩薩慧

明法水，願以洗除，令我清淨。』作是語已，遍禮十方佛，向釋迦牟尼佛大乘經典，復說是言：『我今所懺眼根重罪，障蔽穢濁，盲無所見。願佛大慈，哀愍覆護；普賢菩薩乘大法船，普度一切；十方無量諸菩薩伴，唯願慈哀，聽我悔過，眼根不善惡業障法。』如是三說，五體投地，正念大乘，心不忘捨，是名懺悔眼根罪法。

　　「稱諸佛名、燒香散華、發大乘意、懸繪幡蓋、說眼過患懺悔罪者，此人現世見釋迦牟尼佛及見分身無量諸佛，阿僧祇劫不墮惡道；大乘力故，大乘願故，恒與一切陀羅尼菩薩共爲眷屬。作是念者，是爲正念，若他念者，名爲邪念，是名眼根初境界相。

　　「淨眼根已，復更誦讀大乘經典，晝夜六時，胡跪懺悔而作是言：『我今云何但見釋迦牟尼佛分身諸佛，不見多寶佛塔全身舍利？多寶佛塔恒在不滅，我濁惡眼，是故不見！』作是語已，復更懺悔，過七日已，多寶佛塔從地涌出，釋迦牟尼佛即以右手開其塔戶，見多寶佛入普現色身三昧，一一毛孔流出恒河沙微塵數光明，一一光明有百千萬億化佛。此相現時，行者歡喜，讚偈遶塔，滿七匝已，多寶如來出大音聲，讚言：『法子！汝今眞實能行大乘，隨順普賢眼根懺悔，以是因緣，我至汝所，爲汝證明。』說是語已，讚言：『善哉！善哉！釋迦牟尼佛能說大法，雨大法雨，成就濁惡諸眾生等。』

「是時，行者見多寶佛塔已，復至普賢菩薩所，合掌敬
禮，白言：『大師教我悔過。』普賢復言：『汝於多劫，耳
根因緣，隨逐外聲，聞妙音時，心生惑著；聞惡聲時，起八
百種煩惱賊害。如此惡耳，報得惡事，恒聞惡聲，生諸攀
緣；顛倒聽故，當墮惡道，邊地邪見不聞法處。汝於今日，
誦持大乘功德海藏，以是緣故見十方佛，多寶佛塔現爲汝
證，汝應自當說己過惡，懺悔諸罪。』

「是時，行者聞是語已，復更合掌，五體投地而作是
言：『正遍知世尊！現爲我證方等經典，爲慈悲主，唯願觀
我聽我所說。我從多劫乃至今身，耳根因緣，聞聲惑著，如
膠著草，聞諸惡時起煩惱毒，處處惑著，無暫停時。坐此窮
聲勞我神識墜墮三塗，今始覺知，向諸世尊發露懺悔。』既
懺悔已，見多寶佛放大光明，其光金色，遍照東方及十方
界，無量諸佛身眞金色，東方空中作是唱言：『此佛世尊號
曰善德。』亦有無數分身諸佛坐寶樹下師子座上，結加趺
坐。是諸世尊一切皆入普現色身三昧，皆作是讚言：『善
哉！善哉！善男子！汝今讀誦大乘經典，汝所誦者是佛境
界。』

「說是語已，普賢菩薩復更爲說懺悔之法：『汝於前世
無量劫中，以貪香故，分別諸識，處處貪著，墮落生死。汝
今應當觀大乘因，大乘因者，諸法實相。』是聞是語已，五
體投地，復更懺悔。既懺悔已，當作是語：『南無釋迦牟尼

佛！南無多寶佛塔！南無十方釋迦牟尼佛分身諸佛！』作是
語已，遍禮十方佛。南無東方善德佛及分身諸佛，如眼所
見，一一心禮，香華供養。供養畢已，胡跪合掌，以種種偈
讚歎諸佛。既讚歎已，說十惡業，懺悔諸罪。既懺悔已而作
是言：『我於先世無量劫時，貪香味觸，造作眾惡，以是因
緣，無量世來，恒受地獄、餓鬼、畜生、邊地、邪見諸不善
身，如此惡業今日發露，歸向諸佛正法之王，說罪懺悔。』

「既懺悔已，身心不懈，復更誦讀大乘經典。大乘力
故，空中有聲，告言：『法子！汝今應當向十方佛讚說大
乘，於諸佛前自說已過。諸佛如來是汝慈父，汝當自說舌根
所作不善惡業：「此舌根者，動惡業相，妄言、綺語、惡
口、兩舌、誹謗、妄語、讚歎邪見、說無益語，如是眾多諸
雜惡業，搆鬥壞亂，法說非法，如是眾罪，今悉懺悔。」』

「諸世雄前，作是語已，五體投地，遍禮十方佛，合掌
長跪，當作是語：『此舌過患無量無邊，諸惡業刺從舌根
出，斷正法輪從此舌起，如此惡舌斷功德種，於非義多端強
說，讚歎邪見，如火益薪，猶如猛火，傷害眾生；如飲毒
者，無瘡疣死，如此罪報惡邪不善，當墮惡道，百劫千劫，
以妄語故，墮大地獄。我今歸向南方諸佛，發露黑惡。』

「作是念時，空中有聲：『南方有佛，名栴檀德，彼佛
亦有無量分身，一切諸佛皆說大乘，除滅罪惡。如此眾罪，
今向十方無量諸佛大悲世尊，發露黑惡，誠心懺悔。』說是

語已，五體投地，復禮諸佛。是時，諸佛復放光明照行者身，令其身心自然歡喜，發大慈悲普念一切。

「爾時，諸佛廣爲行者，說大慈悲及喜捨法，亦教愛語，修六和敬。爾時，行者聞此教敕，心大歡喜，復更誦習，終不懈息。空中復有微妙音聲，出如是言：『汝今應當身心懺悔。身者，殺盜婬。心者，念諸不善，造十惡業及五無間；猶如猨猴，亦如黐膠，處處貪著，遍至一切六情根中。此六根業枝條華葉，悉滿三界二十五有一切生處，亦能增長無明、老死十二苦事，八邪八難無不經中。汝今應當懺悔如是惡不善業。』爾時，行者聞此語已，問空中聲：『我今何處行懺悔法？』時，空中聲即說是語：『釋迦牟尼名毘盧遮那遍一切處，其佛住處名常寂光，常波羅蜜所攝成處，我波羅蜜所安立處，淨波羅蜜滅有相處，樂波羅蜜不住身心相處，不見有無諸法相處，如寂解脫，乃至般若波羅蜜，是色常住法故，如是應當觀十方佛。』

「時，十方佛各伸右手，摩行者頭，作如是言：『善哉！善哉！善男子！汝誦讀大乘經故，十方諸佛說懺悔法菩薩所行，不斷結使，不住使海，觀心無心，從顛倒想起，如此想心，從妄想起，如空中風無依止處，如是法相不生不滅，何者是罪？何者是福？我心自空，罪福無主，一切法如是，無住無壞，如是懺悔，觀心無心，法不住法中，諸法解脫滅諦寂靜，如是想者，名大懺悔，名莊嚴懺悔，名無罪相

懺悔，名破壞心識懺悔。行此懺悔者，身心清淨，不住法中；猶如流水，念念之中，得見普賢菩薩及十方佛。』時，諸世尊以大悲光明，為於行者說無相法，行者聞說第一義空。行者聞已，心不驚怖，應時即入菩薩正位。」

佛告阿難：「如是行者名為懺悔。此懺悔者，十方諸佛諸大菩薩所懺悔法。」

佛告阿難：「佛滅度後，佛諸弟子，若有懺悔惡不善業，但當誦讀大乘經典。此方等經是諸佛眼，諸佛因是得具五眼，佛三種身從方等生，是大法印般涅槃海。如此海中，能生三種佛清淨身，此三種身，人天福田應供中最。其有誦讀大方等典，當知此人具佛功德，諸惡永滅，從佛慧生。」

爾時，世尊而說偈言：

若有眼根惡，業障眼不淨，
但當誦大乘，思念第一義。
是名懺悔眼，盡諸不善業。
耳根聞亂聲，壞亂和合義，
由是起狂亂，猶如癡猨猴。
但當誦大乘，觀法空無相，
永盡一切惡，天耳聞十方。
鼻根著諸香，隨染起諸觸，
如此狂惑鼻，隨染生諸塵。
若誦大乘經，觀法如實際，

永離諸惡業，後世不復生。

舌根起五種，惡口不善業，

若欲自調順，應勤修慈心，

思法真寂義，無諸分別相。

心根如猿猴，無有暫停時，

若欲折伏者，當勤誦大乘。

念佛大覺身，力無畏所成，

身為機關主，如塵隨風轉，

六賊遊戲中，自在無罣礙。

若欲滅此惡，永離諸塵勞，

常處涅槃城，安樂心恬怕，

當誦大乘經，念諸菩薩母，

無量勝方便，從思實相得。

如此等六法，名為六情根，

一切業障海，皆從妄想生。

若欲懺悔者，端坐念實相，

眾罪如霜露，慧日能消除，

是故應至心，懺悔六情根。

說是偈已，佛告阿難：「汝今持是懺悔六根，觀普賢菩薩法，普為十方諸天世人，廣分別說。佛滅度後，佛諸弟子，若有受持、讀誦、解說方等經典，應於靜處，若在塚間，若林樹下，阿練若處，誦讀方等，思大乘義。念力強

故，得見我身及多寶佛塔，十方分身無量諸佛。普賢菩薩、文殊師利菩薩、藥王菩薩、藥上菩薩恭敬法故，持諸妙華住立空中，讚歎恭敬行持法者。但誦大乘方等經故，諸佛菩薩晝夜供養是持法者。」

佛告阿難：「我與賢劫諸菩薩及十方諸佛，因思大乘真實義故，除卻百萬億億劫阿僧祇數生死之罪，因此勝妙懺悔法故，今於十方各得為佛。若欲疾成阿耨多羅三藐三菩提者，若欲現身見十方佛及普賢菩薩，當淨澡浴，著淨潔衣，燒眾名香，在空閒處，應當誦讀大乘經典，思大乘義。」

佛告阿難：「若有眾生欲觀普賢菩薩者，當作是觀；作是觀者，是名正觀，若他觀者，是名邪觀。佛滅度後，佛諸弟子，隨順佛語行懺悔者，當知是人行普賢行；行普賢行者，不見惡相及惡業報。其有眾生，晝夜六時禮十方佛，誦大乘經，思第一義甚深空法，一彈指頃，除去百萬億億阿僧祇劫生死之罪。行此行者，真是佛子，從諸佛生，十方諸佛及諸菩薩為其和尚，是名具足菩薩戒者，不須羯磨自然成就，應受一切人天供養。

「爾時，行者若欲具足菩薩戒者，應當合掌在空閒處，遍禮十方佛，懺悔諸罪，自說己過，然後靜處，白十方佛而作是言：『諸佛世尊常住在世，我業障故，雖信方等，見佛不了。今歸依佛，唯願釋迦牟尼正遍知世尊，為我和尚，文殊師利具大慧者，願以智慧，授我清淨諸菩薩法，彌勒菩薩

勝大慈日，憐愍我故，亦應聽我受菩薩法。十方諸佛現爲我
證，諸大菩薩各稱其名，是勝大士覆護眾生，助護我等今日
受持方等經典，乃至失命，設墮地獄受無量苦，終不毀謗諸
佛正法。以是因緣功德力故，今釋迦牟尼佛爲我和尚，文殊
師利爲我阿闍黎，當來彌勒願授我法，十方諸佛願證知我，
大德諸菩薩願爲我伴，我今依大乘經甚深妙義，歸依佛、歸
依法、歸依僧。』

「如是三說，歸依三寶已，次當自誓受六重法。受六重
法已，次當勤修無礙梵行，發廣濟心，受八重法。立此誓
已，於空閒處，燒眾名香散華，供養一切諸佛及諸菩薩大乘
方等，而作是言：『我於今日發菩提心，以此功德普度一
切。』作是語已，復更頂禮一切諸佛及諸菩薩，思方等義，
一日乃至三七日，若出家、在家，不須和尚。不用諸師，不
白羯磨。受持、讀誦大乘經典力故，普賢菩薩勸發行故，是
十方諸佛正法眼目，因由是法，自然成就五分法身：戒、
定、慧、解脫、解脫知見；諸佛如來從此法生，於大乘經得
受記別。

「是故智者，若聲聞毀破三歸及五戒、八戒、比丘戒、
比丘尼戒、沙彌戒、沙彌尼戒、式叉摩尼戒及諸威儀，愚癡
不善惡邪心故，多犯諸戒及威儀法，若欲除滅，令無過患，
還爲比丘，具沙門法，當勤修讀方等經典，思第一義甚深空
法，令此空慧與心相應，當知此人於念念頃，一切罪垢永盡

無餘，是名具足沙門法式，具諸威儀，應受人天一切供養。

「若優婆塞犯諸威儀，作不善事。不善事者，所謂：說佛法過惡，論說四眾所犯惡事，偷盜婬妷無有慚愧。若欲懺悔滅諸罪者，當勤讀誦方等經典，思第一義。若王者、大臣、婆羅門、居士、長者、宰官是諸人等，貪求無厭，作五逆罪，謗方等經，具十惡業，是大惡報，應墮惡道過於暴雨，必定當隨阿鼻地獄。若欲除滅此業障者，應生慚愧，改悔諸罪。

「云何名剎利居士懺悔法？懺悔法者，但當正心，不謗三寶，不障出家，不為梵行人作惡留難，應當繫念修六念法，亦當供給供養持大乘者，不必禮拜，應當憶念甚深經法第一義空。思是法者，是名剎利居士修第一懺悔。第二懺悔者，孝養父母，恭敬師長，是名修第二懺悔。第三懺悔者，正法治國，不邪枉人民，是名修第三懺悔。第四懺悔者，於六齋日，敕諸境內力所及處，令行不殺，修如此法，是名修第四懺悔。第五懺悔者，但當深信因果，信一實道，知佛不滅，是名修第五懺悔。」

佛告阿難：「於未來世，若有修習如此懺悔法，當知此人著慚愧服，諸佛護助，不久當成阿耨多羅三藐三菩提。」

說是語時，十千天子得法眼淨，彌勒菩薩等諸大菩薩及以阿難，聞佛所說，歡喜奉行。

阿彌陀佛

平安吉祥

A　m　i　t　ā　b　h　a

阿彌陀佛護佑我們脫離恐懼憂惱，
使慈悲心、智慧增長、長壽安樂。
若能心存善念，誠心誦持阿彌陀佛名號，
多作善行，不僅可以讓我們運途順暢，
求福得福，一切善願皆能如意。

藥師佛
消災延壽

【附藥師咒教唸CD】
（梵音、藏音）

Bhasajya-guru

藥師佛能護佑我們脫離各種疾病的痛苦，
使身體健康，壽命延長，遠離生命的災難、障礙、
最重要的是幫助我們去除病苦的根源——
心的根本煩惱，最終得到究竟的安樂。

大日如來
密教之主

a i r o c a n a

大日如來,

是密教最根本的本尊,

他的智慧光明能遍照一切處,

開啓我們本具的佛性智慧,

護佑我們遠離黑暗的無明煩惱,

除去慳貪邪見等,

一切障難自然消滅,

獲得自在如意、慈悲智慧圓滿。

觀音菩薩
大悲守護主

附〈心經〉、〈普門品〉、
〈耳根圓通章〉白話語譯

附大悲咒(梵音、藏音)教唸CD

Avalokitesvara

觀音菩薩的悲心深重，

對濟度眾生的種種苦難有特別的願力與護佑，

因應各類有情眾生的需要，

觀音菩薩以種種身形來施行無畏的救度，

使我們不生起恐怖畏懼，

而得到無限慰藉與清涼。

文殊菩薩
智慧之主

附 文殊咒 教唸CD

M a ñ u ś r i

文殊菩薩是一切菩薩中智慧第一的菩薩，

能護佑我們入於智慧大海，

堅固我們的記憶，獲得聰明辯才無礙；

消除愚癡、闇啞及語業的障礙，

增長一切福德與智慧；

開發俱生的智慧，了知諸法實義，

得致諸佛菩薩的圓滿智慧，一切所願皆得滿足。

地藏菩薩
大願守護主

K s i g a r b h a

守護我們遠離一切憂愁苦惱。

得到天龍八部的護念，功德日增。

菩提不退，衣食豐足。

疾疫不臨，遠離災障。

無盜賊厄，人人敬愛。

所求皆得，眷屬和樂。

得聰明利根，端正相好。

準提菩薩
滿願守護主

附準提咒 教唸CD

C u n d i

準提菩薩守護我們豐饒財富

隨心所求,皆得滿足

增長福德智慧,並得諸佛庇護

儀容端正,言音威肅

祈求聰明,辯論勝利

夫婦敬愛,求得子嗣

治療疾病,延長壽命

滅除罪業,遠離惡鬼劫難

守護佛菩薩⑦

普賢菩薩—廣大行願守護主

編　　者	全佛編輯部
插　　畫	明　星
編　　輯	吳霈媜
執行編輯	莊涵甄
封面設計	張育甄

出　　版　全佛文化事業有限公司

新北市新店區民權路 95 號 4 樓之 1（江陵金融大樓）

永久信箱：台北郵政 26-341 號信箱

電話：(02) 2219-6988　傳真：(02) 2219-6989

郵政劃撥：19203747　戶名：全佛文化事業有限公司

E-mail：buddhall@ms7.hinet.net

http://www.buddhall.com

行銷代理　紅螞蟻圖書有限公司

台北市內湖區舊宗路二段 121 巷 28 之 32 號 4 樓（富頂科技大樓）

電話：(02) 2795-3656　傳真：(02) 2795-4100

初　　版　2002 年 05 月

初版二刷　2012 年 02 月

定　　價　新台幣 250 元

ISBN　978-957-2031-15-5（平裝）

國家圖書館出版品預行編目(CIP)資料

普賢菩薩 / 全佛編輯部編著. - 初版. -
臺北市：全佛文化, 2002[民 91]
面；　公分. --（守護佛菩薩；7）

ISBN 978-957-2031-15-5(平裝)

1. 菩薩
229.2　　　　　91007477